增壹阿含經選集

三藏瞿曇僧伽提婆——譯

增壹阿含者，比法條貫以數相次也。

數終十，令加其一，故曰增一也；且數數皆增，以增為義也。

其為法也，多錄禁律，繩墨切厲，乃度世檢括也。

【目錄】

說四阿含

梁啟超

長阿含經二十二卷　姚秦罽賓國沙門佛陀耶舍共竺佛念譯

中阿含經六十卷　東晉罽賓國沙門瞿曇僧伽提婆等譯

雜阿含經五十卷　劉宋天竺三藏求那跋陀羅譯

增壹阿含經五十卷　東晉罽賓國沙門瞿曇僧伽提婆等譯

《阿含》與五百結集

阿含亦作阿笈摩，亦作阿含暮，譯言「法歸」，謂萬法所歸趣也。亦言「無比法」，謂法之最上者也。亦言「教」，亦言「傳」，謂輾轉傳來，以法相教授也。本爲佛經總名，今但以施諸小乘焉。

吾研究佛經成立之歷史，擬拈出四箇觀念以爲前提：

一、凡佛經皆非佛在世時所有。無論何乘何部之經，皆佛滅後佛徒所追述。其最初出者在佛滅後數月間，其最晚出者在佛滅五百年以後。

二、佛經之追述，有由團體公開結集者，有由箇人私著者；前者成立之歷史可以確考，後者無從確考。

三、佛經有用單行本形式者，有用叢書形式者，現存之十數部大經，皆叢書也。而此種叢書，性質復分爲二，有在一時代編纂完成者，有歷若干年增補附益而始完成者。

四、凡佛經最初皆無寫本，惟恃闇誦。寫本殆起於佛滅數百年後，隨教所被，各以其國土之語寫焉。質言之，則凡佛經皆翻譯文學也。

四阿含者，則佛滅後第四箇月，由團體公開結集一時編纂完成之四種叢書，歷若干年後，始用數種文字先後寫出者也。此次結集，即歷史上最有名之「五百結集」，其情節具見於《四分律藏》、《彌沙塞五分律》、《摩訶僧祇律》、《善見律》等書，今雜採略述如下：

佛以二月十五日平旦，在俱尸那入滅。時大弟子大迦葉方在葉波國，聞變而歸，既葬佛後，默自思惟：宜集法藏，使正法住世，利益衆生。乃請阿闍世王爲檀越，於王舍城外之畢波羅窟，以六月二十七日開始結集。參與斯會者五百人，迦葉爲上首，先命優婆離結集毗尼，此云律藏，所集者則今之《八十誦律》是也。次命阿難結集修多羅，此云經藏，亦云法藏，所集者則此諸《阿含》是也。

阿難，佛之從弟，爲佛侍者二十五年。佛嘗稱其多聞第一，殆記性最强之人也，故結集經藏之大任衆以屬之。結集時用極莊重之儀式，極複雜之程序，以求徵信。阿難登高座，手捉象牙裝扇，迦葉問：「法藏中《梵綱經》何處說耶？」阿難答：「王舍城那蘭馱二國中間王菴羅絺屋中說。」「因誰而起？」「因修悲夜波利婆闍迦及婆羅門陀多二人而起。」如是問答本起因緣後，阿難乃誦出佛所說，首唱言：「如是我聞。」誦已，五百羅漢印可之。如是次第誦他經，一切誦已，遂泐為定本，此阿含之由來也。

何故將《阿含》結集為四耶？《增壹・序品》云：「時阿難說經無量，誰能備具為一聚？或有一法義亦深，難持難誦不可憶，我今當集此法義，一一相從不失緒。」據此則似阿難既將諸經誦出後，慮其散漫難記憶，於是謀集為「一聚」，以叢書的格式總持之。〈序品〉又云：「契經今當分四段，先名《增壹》，二名《中》，三名曰《長》多瓔珞，《雜》經在後為四分。」此論四種次序，〈分別功德論〉釋之云：「分四段者，文義混雜，宜當以事理相從，大小相次，以一為本次至十，一二三隨事增上，故名《增壹》；《中》者，不大不小，不長不短，事處中適也；《長》者，說久遠事，歷劫不絕；《雜》者，諸經斷結，難誦難憶，事多雜碎，喜令人忘。」《彌沙塞五分律》云：「迦葉問一切修多羅已，僧中唱言：此是長經，今集爲一部，名《長阿含》；此是不長不短，今集爲一部，名《中阿含》；此是爲優婆塞婆夷天子天女說，今集爲一部，名《雜阿含》；此是從一法增至十一法，今集爲一部，名《增一阿含》。」據此則四部分類命名之意，不過因文字之長短，略爲區分，無甚義例。法華玄義云：「《增一》，明人天因果；《中》，明真寂深義；《雜》，明諸禪定；《長》，破外道。」此說不免杜撰。《四阿含》雖云將諸經加以組織，然此種論理的分類法，似尚非當時所有，以今譯本細按之，亦不能謂某種專明某義也。

數何以限於四？或言仿《四吠陀》，此殆近之。但據《善見律》，則尚有《屈陀迦阿含》一種，是不止四矣。今錫蘭島所傳巴利文阿含，確有五部，其第五部正名《屈陀迦》，然不過將四含之文摘要分類編輯，恐非原本。吾竊疑此《屈陀迦》與大乘經典有關係，語在次篇。

《阿含》在彼土之傳授

《付法藏因緣傳載》有一事，甚可發噱，今節引之：「阿難遊行至一竹林，聞有比丘誦法句偈：『若人生百歲，不見水老鶴，不如生一日，而得睹見之。』阿難語比丘：此非佛語，汝今當聽我演：（原文）『若人生百歲，不解生滅法，不如生一日，而得了解之。』爾時比丘即向其師說阿難語，師告之曰：『阿難老朽，言多錯謬，不可信矣。汝今但當如前而誦。』」

佛經以專恃闇誦不著竹帛之故，所傳意義，輾轉變遷，固意中事。乃至阿難在世時，已有此失，且雖以耆宿碩學如阿難者，猶不能矯正。此孟子所以有「盡信書不如無書」之歎也。不惟轉變而已，且最易遺失。〈分別功德論〉云：「《增壹阿含》本有百事，阿難以授優多羅，出經後十二年，阿難便般涅槃，其後諸比丘各習坐禪，遂廢諷誦，由是此經失九十事。外國法師徒相傳，以口授相付，不聽載文，時所傳者，盡十一事而已。自爾相承，正有今現文爾。優多羅弟子名善覺，從師受誦，僅得十一事，優多羅便涅槃，外國今現三藏者，盡善覺所傳。」

《增壹》一經如此，他經可推。然則即今《阿含》，已不能謂悉爲阿難原本。然印土派別既多，所傳之本，各自不同，《順正理論》云：「雖有衆經，諸部同誦，然其名句，互有差別。」此正如漢初傳經，最尊口說，故諸家篇帙文句，時相乖忤。即以《增壹》言，〈功德論〉又云：「薩婆多家（即說一切有部）無序及後十事。」然則薩婆多所傳，固與善覺本異矣。而今我國譯本，共五十二品，則既非阿難原來之百篇本，亦非善覺之十一篇本，又非薩婆多之九十篇本，是知印土《增壹》，最少當有四異本矣。吾所以喋喋述此者，非好爲瑣末之考證。蓋當時諸部所釋教理，有種種差別，雖同屬一經，其某部所傳之本，自必含有該部獨有之特色，不僅如「水老鶴」等文字之異同而已。試以漢譯《四阿含》與錫蘭之巴利本相較，當能發見許多異議，他日若有能將全世界現存之各種異文異本之阿含，一一比勘，爲綜合研究，追尋其出自何部所傳，而因以考各部思想之異點，則亦學界之一大業也。

我國《阿含》四種，並非同時譯出，其原本亦非同在一處求得，則每種傳授淵源，宜各不同。慈恩謂《四阿含》皆大衆部誦出；法幢謂《增壹》依大衆部，《中》、《雜》依一切有部，《長阿含》依化地部，未審何據。今於次節述傳譯源流，略考其分別傳受之緒焉。

《阿含》傳譯源流

我國譯經，最初所譯爲「法句類」，即將經中語節要鈔錄之書也。次即分譯《阿含》小品，蓋《阿含》乃叢書體裁，諸品本自獨立成篇，不以割裂爲病也。今舉藏中現存《阿含》異譯諸經爲左表：

◉《增壹阿含經》別出異譯

經名	今本	譯人
婆羅門避死經	增上品	漢安世高
阿那邠邸化七子經	非常品	同
舍利弗目犍連遊四衢經	馬王品	漢康孟詳
七佛父母姓字經	十不善品	曹魏失名
須摩提女經	須陀品	吳支謙
三摩竭經	同	吳竺律炎
波斯匿王太后崩經	四意斷品	西晉釋法炬
頻婆娑羅詣佛供養經	等見品	同
大愛道般涅槃經	般涅槃品	西晉帛法祖
舍衛國王夢見十事經	同	西晉失名
央崛魔經	力品	西晉竺法護
力士移山經	八難品	同

四未曾有法經	同	同
玉耶女經	非常品	西晉失名
放牛經	放牛品	姚秦鳩摩羅什
四泥犁經	禮三寶品	東晉曇無蘭
玉耶經	非常品	同
不黎先尼十夢經	涅槃品	同
食施獲五福報經	善聚品	東晉失名
四人出現世間經	四意斷品	劉宋求那跋陀羅
十一想思念如來經	禮三寶品	同
阿遬達經	非常品	同
長者子六過出家經	邪聚品	劉宋慧簡
佛母般泥洹經	涅槃品	同

◉《中阿含經》別出異譯

經名	今本	譯人
一切流攝守因經	漏盡經	漢安世高
四諦經	聖諦經	同
本相倚致經	本際經	同
是法非法經	真人經	同
漏分布經	達梵行經	同
命終愛念不離經	愛生經	同
阿那律八念經	八念經	漢支曜
苦陰經	苦陰經上	漢失名
魔嬈亂經	降魔經	同
七知經	善法經	吳支謙
釋摩男本經	苦陰經下	同

諸法本經	諸法本經	同
弊魔試目連經	降魔經	同
賴吒和羅經	賴吒和羅經	同
梵摩喻經	梵摩經	同
齋經	持齋經	同
恒水經	瞻波經	西晉釋法炬
頂生王故事經	四洲經	同
求欲經	穢經	同
苦陰因事經	苦陰經下	同
瞻婆比丘經	大品瞻波經	同
數經	算數目連經	同
善生子經	善生經	西晉支法度
離睡經	上曾睡眠經	西晉竺法護

受歲經	比丘請經	同
樂想經	想經	同
尊上經	中禪室尊經	同
意經	心經	同
應法經	受法經下	同
鹹水喻經	七水喻經	西晉失名
兜調經	鸚鵡經	同
鐵城泥犁經	天使經	東晉曇無蘭
阿耨颰經	阿奴波經	同
泥犁經	癡慧地經	同
古來世時經	説本經	東晉失名
梵志計水淨經	水淨梵志經	同
慈心厭離功德經	須達多經少分	同

箭喻經	箭喻經	同
文竭陀王經	四洲經	北涼曇無讖
八關齋經	持齋經（不全）	北涼沮渠京聲
閻羅王五天使者經	天使經	劉宋慧簡
瞿曇彌記果經	瞿曇彌經	同
鸚鵡經	鸚鵡經	劉宋求那跋陀羅
鞞摩肅經	鞞摩那修經	同

◉《長阿含經》別出異譯

經名	今本	譯人
長阿含十報法經	十上經	漢安世高
人本欲生經	大緣方便經	同

尸迦羅越六方禮經	善生經	同
梵志阿颰經	阿摩晝經	吳支謙
梵網六十二見經	梵動經	同
佛般泥洹經	遊行經	西晉白法祖
樓炭經	世記經	西晉釋法炬
大般涅槃經	遊行經	東晉釋法顯
方等泥洹經	同	東晉失名
寂志果經	沙門果經	東晉曇無蘭

●《雜阿含經》別出異譯

經名	今本	譯人
七處三觀經	卷二・卷三十四	漢安世高

五陰譬喻經	卷十	同
轉法輪經	卷十五	同
八正道經	卷二十八	同
馬有三相經	卷三十三	漢支曜
馬有八態譬人經	同	同
不自守意經	卷十一	吳支謙
雜阿含經（一卷）	大部中撮要	吳失名
聖法印經	卷三	西晉竺法護
難提釋經	卷三十	西晉釋法炬
相應相可經	單卷本	同
水沫所漂經	卷十	東晉曇無蘭
戒德香經	卷三十八	同
滿願子經	卷十三	東晉失名

讀右表者，可以了然於《阿含》之實爲叢書性質，實合多數之單行本小經而成，彼土亦各別誦習。而初期大譯家安世高支謙法護法炬之流，百餘年間，皆從事於此種單行本之翻譯，其曾否知爲同出一叢書，蓋未敢言耳。四含所有經總數幾何，不能確考。按漢譯今本，《長含》共三十經，《中含》二百二十二經，《增含》七十二經，《雜含》短而多，不能舉其數，大約在一千二三百以上，合計殆逾二千種矣，然必猶未全。今檢各經錄中小乘經存佚合計，蓋盈千種，竊謂其中除出十數種外，殆皆《阿含》遺文也。

前此之零碎單譯，自然不饜人意。逮東晉之初而《阿含》全譯之要求起焉，先出者爲增、中，其次則長，最後乃雜，前後垂六十年，而茲業乃完。今考其年代及譯人列爲左表。

	年代		譯人		
	出書年	雜考證	主譯者	助譯者	關係者
增壹阿含	苻秦建元二十年（三八四）		僧伽提婆	竺佛念 曇嵩	趙文業 道安 法和 僧䂮 僧茂
中阿含	東晉隆安二年（三九八）	道安難提等先已與增壹同時譯出因多未愜至是始重譯	僧伽提婆 僧伽羅叉	道慈	法和 王元琳
長阿含	姚秦弘始十五年（四一三）		佛陀耶舍	竺佛念 道含	僧肇 姚爽
雜阿含	劉宋元嘉二十年（四四三）	藏中有別譯雜阿含十六卷舊作二十卷附秦錄中殆譯而未成者不審其爲苻秦爲姚也	求那跋陀羅	法勇	原本乃法顯從師子國攜歸

譯業創始之功，端推道安。其譯《增》、《中》二含，正值苻堅覆國之年。序所謂「此年有阿城之役，伐鼓近郊」者也。蓋在圍城之中，倉卒殺青，逾年而安遂亡。道慈所謂「譯人造次，違失本旨，良匠去世（指安公），弗獲改正也。」故此秦譯二書，皆可謂未定稿，然《增壹》遂終弗克改。今藏中所存即建元二十年本也。《長阿含》以法和提婆之努力，又得羅叉從罽賓新來爲之助，卒成第二譯，而初譯今不復見矣。《雜阿含》既舊有秦譯，不知其出道安時耶？出羅什時耶？《長阿含》之譯，則史蹟最簡矣。

吾述四含傳譯淵源，忽引起一別種興味，即欲因各書之譯人以推求其書爲何宗派所傳本也。印度小乘派二十部，皆宗阿含，其所誦習本各部有異同。具如前引〈分別功德論〉所說，漢譯四含，或云皆出大宗部；或云《增壹》依大宗部，《中、雜》依一切有部，《長》依化地部，未審其說所自出。今以此四書之譯人及其他材料校之，吾欲立爲臆說如下：

一、《增壹阿含》疑依「一切有部」本而以「大衆部」本修補。《增壹》譯者曇摩難提，兜佉勒人。兜佉勒，似爲「一切有部」勢力範圍。近年歐人在庫車發掘，得有用月氏文字所書之波羅提木叉（戒律），即羅什所譯「薩婆多部」之十誦比丘尼戒本也。結集毗婆沙之迦膩色迦王，即月氏種，與「有部」因緣極深。兜佉勒服屬於彼，用其文字，則其學出於「有部」固宜，據〈分別功德論〉，他部之增壹皆僅存十一品，惟「有部」本存九十品；今此本有五十一品，益足爲傳自「有部」之據。所以不滿九十品者，或是譯業未竟。蓋譯時方在圍城中，未久而苻秦遂滅也。〈功德論〉又云：「薩婆多家無序。」而安公《增壹・序》亦云：「失其錄偈。」所謂序所謂錄偈，似即指序品，然則今序品一卷，或非原譯所有，而後人別採他部本以補之，其所採者或即「大眾部」本，故慈恩謂出自「大眾」也，序品多大乘家言，自當與「大眾部」有因緣。

二、《中阿含》疑出「一切有部」。初譯本《中含》與《增壹》同出曇摩難提，已足爲傳自「有部」之證。今所傳隆安二年再治本，由僧伽羅叉講梵本，僧伽提婆轉梵爲晉，二人皆罽賓人（即迦濕彌羅）。罽賓爲

「有部」之根據地，衆所共知。提婆別譯《阿毗曇八犍度論》（迦旃延之《發智論》），實「有部」最重要之書。羅叉續成羅什之十誦律，亦「有部」律也，然則創譯中含之三人，皆「有部」大師，法幢謂中含傳自「有部」，當爲信史也。

三、《長阿含》疑出「曇無德部」。《長阿含》譯者佛陀耶舍亦罽賓人，但「曇無德部」之四分律，即由彼誦出，知彼當屬「德部」，則所誦《長阿含》，或亦用「德部」本也。

四、《雜阿含》疑出「彌沙塞部」。《雜阿含》譯者求那跋陀羅，中天竺人，本以大乘名家，於小乘諸部當無甚關係。惟《雜阿含》原本之入中國，實由法顯，法顯得此於師子國（即錫蘭），同時並得彌沙塞律，然則此本與「塞部」當有關係。「塞部」本盛於南天竺，則師子國固宜受其影響，求那東渡之前，固亦久淹師子也。

右所考證，似無關宏旨。然古代印土各部之學說，傳於今者極希（除有部外），若能在四含中覓得一二，亦治印度思想史之一助也。

《阿含》研究之必要及其方法

我國自隋唐以後，學佛者以談小乘爲恥！《阿含》束閣，蓋千年矣。吾以爲真欲治佛學者，宜有事於《阿含》，請言其故：

第一、《阿含》爲最初成立之經典，以公開的形式結集，最爲可信。以此之故，雖不敢謂佛說盡於《阿含》，然阿含必爲佛說極重之一部分無疑。

第二、佛經之大部分皆爲文學之作品（補敘點染），《阿含》雖亦不免，然視他經爲少，比較的近於樸實說理。以此之故，雖不敢謂《阿含》一字一句悉爲佛語，然所含佛語分量之多且純，非他經所及。

第三、《阿含》實一種言行錄的體裁，其性質略同《論語》，欲體驗釋尊之現實的人格，舍此末由。

第四、佛教之根本原理，如四聖諦、十二因緣、五蘊皆空、業感輪迴、四念處、八正道等，皆在《阿含》中詳細說明，若對於此等不能得明確觀念，則讀一切大乘經論，無從索解。

第五、《阿含》不惟與大乘經不衝突，且大乘教義，含孕不少，不容訶爲偏小，率爾唾棄。

第六、《阿含》敍述當時社會情事最多，讀之可以知釋尊所處環境及其應機宣化之苦心。吾輩異國異時代之人，如何始能受用佛學，可以得一種自覺。

研究《阿含》之必要且有益，既如此，但《阿含》研究之所以不普及者，亦有數原因：

一、卷帙浩繁。

二、篇章重複，《四阿含》中有彼此互相重複者；有一部之中前後重複者。大約釋尊同一段話，在《四阿含》中平均總是三見或四見，文句皆有小小同異。

三、辭語連犿。吾輩讀《阿含》，可想見當時印度人言語之繁重，蓋每說一義，恆從正面、反面以同一辭句翻覆詮釋，且問答之際，恆彼此互牒前言，故往往三四千字之文，不獨所詮之義僅一兩點，乃至辭語亦足有十數句，讀者稍粗心，幾不審何者爲正文？何者爲襯語？故極容易生厭。

四、譯文拙澀。《增》、《中》二含，殺青於戎馬之中。《中》雖再治，《增》猶舊貫，文義之間，譯者已自覺不愜。《長、雜》晚出，稍勝前作。然要皆當譯業草創時代，譯人之天才及素養，皆不逮後賢。且所用術語，多經後賢改訂漸成殭廢，故讀之益覺詰籟爲病。

故今日欲復興「阿含學」，宜從下列各方法著手：

第一、宜先將重要教理列出目錄，如說苦，說無常，說無我，說因緣生法，說五取蘊，說四禪等等，約不過二三十目便足。然後將各經按目歸類，以一經或二、三經爲主，其他經有詳略異同者，低格附錄，其全同者則僅存其目，似此編纂一過，大約不過存原本十分之一，而阿含中究含有若干條重要教理，各教理之內容何如，彼此關係何如，都可以瞭解，原始佛教之根本觀念，於是確立。

第二、將經中涉及印度社會風俗者，另分類編之，而觀其與佛教之關係。如觀四姓階級制之記述，因以察佛教之平等精神；觀種種祭祀儀法之記述，因以察佛教之破除迷信。

第三、宜注重地方及人事，將釋尊所居游之地見於經中者列成一表，看其在某處說法最多，某處某處次多；在某處多說某類之法，又將釋尊所接之人——若弟子、若國王長者、若一般常人、若外道等等，各列爲表，而觀其種種說法，如是則可以供釋迦傳、釋迦弟子傳、印度史等正確之資料。

以上不過隨想所及，拈舉數端，實則四含爲東方文化一大寶藏，無論從何方面研索，皆有價值也。

弟子品第四

◉二一

聞如是：

一時，佛在舍衛國祇樹給孤獨園。

爾時，世尊告諸比丘：「我聲聞中第一比丘，寬仁博識，善能勸化，將養聖衆，不失威儀，所謂阿若拘鄰比丘是。初受法味，思惟四諦，亦是阿若拘鄰比丘。善能勸導，福度人民，所謂優陀夷比丘是。速成神通，中不有悔，所謂摩訶男比丘是。恆飛虛空，足不蹈地，善肘比丘是。乘虛教化，意無榮冀，所謂婆破比丘是。居樂天上，不處人中，所謂牛跡比丘是。恆觀惡露不淨之想，善勝比丘是。將養聖衆，四事供養，所謂優留毗迦葉比丘是。心意寂然，降伏諸結，所謂江迦葉比丘是。觀了諸法，都無所著，所謂象迦葉比丘是。」

拘鄰・陀夷・男，善肘・婆第五，
牛跡及善勝，迦葉三兄弟。

◉二三

「我聲聞中第一比丘，威容端正，行步庠序，所謂馬師比丘是。智慧無窮，決了諸疑，所謂舍利弗比丘是。神足輕舉，飛到十方，所謂大目犍連比丘是。勇猛精進，堪任苦行，所謂二十億耳比丘是。十二頭陀，難得之行，所謂大迦葉比丘是。天眼第一，見十方域，所謂阿那律比丘是。坐禪入定，心不錯亂，所謂離曰比丘是。能廣勸率，施立齋講，陀羅婆摩羅比丘是。安造房舍，與招提僧，所謂小陀羅婆摩羅比丘是。貴豪種族，出家學道，所謂羅吒婆羅比丘是。善分別義，敷演道教，所謂大迦旃延比丘是。」

馬師・舍利弗，拘律・耳・迦葉，阿那律・離曰，摩羅・吒・旃延。

◉二三

「我聲聞中第一比丘，堪任受籌，不違禁法，所謂軍頭波漠比丘是。降伏外道，履行正法，所謂賓頭盧比丘是。瞻視疾病，供給醫藥，所謂讖比丘是。四事供養衣被、飲食，亦是讖比丘。能造偈頌，嘆如來德，鵬耆舍比丘是。言論辯了而無疑滯，亦是鵬耆舍比丘。得四辯才，觸難答對，所謂摩訶拘絺羅比丘是。清靜閑居，不樂人中，所謂堅牢比丘是。乞食耐辱，不避寒暑，所謂難提比丘是。獨處靜坐，專意念道，所謂今毗羅比丘是。一坐一食，不移乎處，所謂施羅比丘是。守持三衣，不離食、息，所謂浮彌比丘是。」

軍頭‧賓頭盧，識‧鵬‧拘絺羅，
堅牢及難提，今毗‧施羅‧彌。

◉二四

「我聲聞中第一比丘，樹下坐禪，意不移轉，所謂狐疑離曰比丘是。苦身露坐，不避風雨，所謂婆蹉比丘是。獨樂空閑，專意思惟，所謂陀素比丘是。著五納衣，不著榮飾，所謂尼婆比丘是。常樂塚間，不處人中，所謂優多羅比丘是。恆坐草蓐，日福度人，所謂盧醯甯比丘是。不與人語，視地而行，所謂優鉗摩尼江比丘是。坐起行步，常入三昧，所謂刪提比丘是。好遊遠國，教授人民，所謂曇摩留支比丘是。喜集聖衆，論說法味，所謂迦淚比丘是。」

狐疑・婆蹉離，陀蘇・婆・優多，

盧醯・優迦摩，息・曇摩留・淚。

◉二五

「我聲聞中第一比丘，壽命極長，終不中夭，所謂婆拘羅比丘是。常樂閑居，不處衆中，所謂婆拘羅比丘是。能廣說法，分別義理，所謂滿願子比丘是。奉持戒律，無所觸犯，優波離比丘是。得信解脫，意無猶豫，所謂婆迦利比丘是。天體端正，與世殊異，所謂難陀比丘是。諸根寂靜，心不變易，亦是難陀比丘。辯才卒發，解人疑滯，所謂婆陀比丘是。能廣說義，理不有違，所謂斯尼比丘是。喜著好衣，行本清淨，所謂天須菩提比丘是。常好教授諸後學者，難陀迦比丘是。善誨禁戒比丘尼僧，所謂須摩那比丘是。」

婆拘・滿・波離，婆迦利・難陀，
陀・尼・須菩提，難陀・須摩那。

◉二六

「我聲聞中第一比丘，功德盛滿，所適無短，所謂尸婆羅比丘是。具足衆行道品之法，所謂優波先迦蘭陀子比丘是。所説和悅，不傷人意，所謂婆陀先比丘是。修行安般，思惟惡露，所謂摩訶迦延那比丘是。計我無常，心無有想，所謂優頭槃比丘是。能雜種論，暢悅心識，所謂拘摩羅迦葉比丘是。著弊惡衣，無所羞恥，所謂面王比丘是。不毀禁戒，誦讀不懈，所謂羅雲比丘是。以神足力能自隱曀，所謂般兔比丘是。能化形體，作若干變，所謂周利般兔比丘是。」

尸婆・優波先，婆陀・迦延那，
優頭・迦葉・王，羅雲・二般兔。

◉二七

「我聲聞中第一比丘，豪族富貴，天性柔和，所謂釋王比丘是。乞食無厭足，教化無窮，所謂婆提波羅比丘是。氣力強盛，無所畏難，亦是婆提波羅比丘是。音響清徹，聲至梵天，所謂羅婆那婆提比丘是。身體香潔，熏乎四方，鴦迦闍比丘是。我聲聞中第一比丘，知時明物，所至無疑，所憶不忘，多聞廣遠，堪任奉上，所謂阿難比丘是。莊嚴服飾，行步顧影，所謂迦持利比丘是。諸王敬待，羣臣所宗，所謂月光比丘是。天人所奉，恆朝侍省，所謂輸提比丘是。以捨人形，像天之貌，亦是輸提比丘。諸天師導，旨授正法，所謂天比丘是。自憶宿命無數劫事，所謂菓衣比丘是。」

釋王・婆提波，羅婆・鴦迦闍，
阿難・迦・月光，輸提・天・婆醯。

◉二八

「我聲聞中第一比丘，體性利根，智慧淵遠，所謂鴦掘魔比丘是。能降伏魔外道邪業，所謂僧迦摩比丘是。入水三昧，不以爲難，所謂質多舍利弗比丘是。廣有所識，人所敬念，亦是質多舍利弗比丘是。入火三昧，普照十方，所謂善來比丘是。能降伏龍，使奉三尊，所謂那羅陀比丘是。降伏鬼神，改惡修善，所謂鬼陀比丘是。降乾沓和，勤行善行，所謂毗盧遮比丘是。恆樂空定，分別空義，所謂須菩提比丘是。志在空寂，微妙德業，亦是須菩提比丘。行無想定，除去諸念，所謂耆利摩難比丘是。入無願定，意不起亂，所謂炎盛比丘是。」

鴦掘・僧迦摩，質多・善・那羅，
閱叉・浮盧遮，善業・摩難・炎。

◉二九

「我聲聞中第一比丘，入慈三昧，心無恚怒，梵摩達比丘是。入悲三昧，成就本業，所謂須深比丘是。得喜行德，無若干想，所謂婆彌陀比丘是。常守護心，意不捨離，所謂躍波迦比丘是。行炎盛三昧，終不解脫，所謂曇彌比丘是。言語麁獷，不避尊貴，所謂比利陀婆遮比丘是。入金光三昧，亦是比利陀婆遮比丘。入金剛三昧，不可沮壞，所謂無畏比丘是。所說決了，不懷怯弱，所謂須泥多比丘是。恆樂靜寂，意不處亂，所謂陀摩比丘是。義不可勝，終不可伏，所謂須羅陀比丘是。」

梵達．須深摩，娑彌．躍．曇彌，

比利陀．無畏，須泥．陀．須羅。

◉三十

「我聲聞中第一比丘，曉了星宿，預知吉凶，所謂那伽波羅比丘是。恆喜三昧，禪悅爲食，所謂婆私吒比丘是。常以喜爲食，所謂須夜奢比丘是。恆行忍辱，對至不起，所謂滿願盛明比丘是。修習日光三昧，所謂彌奚比丘是。明算術法，無有差錯，所謂尼拘留比丘是。分別等智，恆不忘失，所謂鹿頭比丘是。得雷電三昧者，不懷恐怖，所謂地比丘是。觀了身本，所謂頭那比丘是。最後取證得漏盡通，所謂須拔比丘是。」

那迦．吒．舍．那，彌奚．尼拘留，

鹿頭．地．頭那，須拔最在後。

「此百賢聖，悉應廣演。」

比丘尼品第五

【增壹阿含經卷第三】

◉三一

「我聲聞中第一比丘尼，久出家學，國王所敬，所謂大愛道瞿曇彌比丘尼是。智慧聰明，所謂讖摩比丘尼是。神足第一，感致諸神，所謂優缽華色比丘尼是。行頭陀法，十一限礙，所謂機梨舍瞿曇彌比丘尼是。天眼第一，所照無礙，所謂奢拘梨比丘尼是。坐禪入定，意不分散，所謂奢摩比丘尼是。分別義趣，廣演道教，所謂波頭蘭闍那比丘尼是。奉持律教，無所加犯，所謂波羅遮那比丘尼是。得信解脫，不復退還，所謂迦旃延比丘尼是。得四辯才，不懷怯弱，所謂最勝比丘尼是。」

大愛及識摩，優鉢．機曇彌，
拘利．奢．蘭闍，波羅．迦旃．勝。

◉三二

「我聲聞中第一比丘尼，自識宿命無數劫事，所謂拔陀迦毗離比丘尼是。顏色端正，人所敬愛，所謂醯摩闍比丘尼是。降伏外道，立以正教，所謂輸那比丘尼是。分別義趣，廣說分部，所謂曇摩提那比丘尼是。身著麁衣，不以爲愧，所謂優多羅比丘尼是。諸根寂靜，恆若一心，所謂光明比丘尼是。衣服齊整，常如法教，所謂禪頭比丘尼是。能雜種論，亦無疑滞，所謂檀多比丘尼是。堪任造偈，讚如來德，所謂天與比丘尼是。多聞博知，恩慧接下，所謂瞿卑比丘尼是。」

拔陀．闍．輸那，曇摩那．優多，
光明．禪．檀多，天與及瞿卑。

◉三三

「我聲聞中第一比丘尼，恆處閑靜，不居人間，所謂無畏比丘尼是。苦體乞食，不擇貴賤，所謂毗舍佉比丘尼是。一處一坐，終不移易，所謂拔陀婆羅比丘尼是。遍行乞求，廣度人民，所謂摩怒呵利比丘尼是。速成道果，中間不滯，所謂陀摩比丘尼是。執持三衣，終不捨離，所謂須陀摩比丘尼是。恆坐樹下，意不改易，所謂瑚須那比丘尼是。恆居露地，不念覆蓋，所謂奢陀比丘尼是。樂空閑處，不在人間，所謂優迦羅比丘尼是。長坐草蓐，不著文飾，所謂離那比丘尼是。著五納衣，以次分衛，所謂阿奴波摩比丘尼是。」

無畏．多毗舍，拔陀．摩奴訶，

檀・須檀・協奢，優迦・離・阿奴。

◉三四

我聲聞中第一比丘尼，樂空冢間，所謂優迦摩比丘尼是。多遊於慈，愍念生類，所謂清明比丘尼是。悲泣衆生，不及道者，所謂素摩比丘尼是。喜得道者，願及一切，所謂摩陀利比丘尼是。護守諸行，意不遠離，所謂迦羅伽比丘尼是。守空執虛，了之無有，所謂提婆修比丘尼是。心樂無想，除去諸著，所謂日光比丘尼是。修習無願，心恆廣濟，所謂末那婆比丘尼是。諸法無疑，度人無限，所謂毗摩達比丘尼是。能廣說義，分別深法，所謂普照比丘尼是。」

優迦・明・素摩，摩陀・迦・提婆，
日光・末那婆，毗摩達・普照。

◉三五

「我聲聞中第一比丘尼，心懷忍辱，如地容受，所謂曇摩提比丘尼是。能教化人，使立檀會，所謂須夜摩比丘尼是。辦具床座，亦是須夜摩比丘尼是。心已永息，不興亂想，所謂因陀闍比丘尼是。觀了諸法，而無厭足，所謂龍比丘尼是。意強勇猛，無所染著，所謂拘那羅比丘尼是。入水三昧，普潤一切，所謂婆須比丘尼是。入焰光三昧，悉照萌類，所謂降提比丘尼是。觀惡露不淨，分別緣起，所謂遮波羅比丘尼是。育養衆人，施與所乏，守迦比丘尼是。我聲聞中最後第一比丘尼，拔陀軍陀羅拘夷國比丘尼是。」

曇摩・須夜摩，因提・龍・拘那，

婆須・降・遮波，守迦・拔陀羅。

「此五十比丘尼，當廣說如上。」

清信士品第六

【增壹阿含經卷第三】

◉三六

「我弟子中第一優婆塞，初聞法藥，成賢聖證，三果商客是。第一智慧，質多長者是。神德第一，所謂犍提阿藍是。降伏外道，所謂掘多長者是。能說深法，所謂優波掘長者是。恆坐禪思，呵侈阿羅婆是。降伏魔宮，所謂勇健長者是。福德盛滿，闍利長者是。大檀越王，所謂須達長者是。門族成就，泯兔長者是。」

三果・質・乾提，掘・波及羅婆，
勇・闍利・須達，泯兔是謂十。

◉三七

「我弟子中第一優婆塞，好問義趣，所謂生漏婆羅門是。利根通明，所謂梵摩俞是。諸佛信使，御馬摩納是。計身無我，喜聞等婆羅門是。論不可勝，毗裘婆羅門是。能造誦偈，優婆離長者是。言語速疾，亦是優波離長者。喜施好寶，不有悋心，所謂殊提長者是。建立善本，所謂優迦毗舍離是。能說妙法，所謂最上無畏優婆塞是。所說無畏，善察人根，所謂頭摩大將領毗舍離是。」

生漏・梵摩俞，御馬及聞等，
毗裘・優婆離，殊提・優・畏・摩。

◉三八

「我弟子中第一優婆塞，好喜惠施，所謂毗沙王是。所施狹少，光明王是。建立善本，王波斯匿是。得無根善信，起歡喜心，所謂王阿闍世是。至心向佛，意不變易，所謂優填王是。承事正法，所謂月光王子是。供奉聖衆，意恆平等，所謂造祇洹王子是。常喜濟彼，不自爲己，師子王子是。善恭奉人，無有高下，無畏王子是。顏貌端正，與人殊勝，所謂雞頭王子是。」

毗沙王・光明，波斯匿・闍王，

月・祇桓・優填，師子、畏・雞頭。

◉三九

「我弟子中第一優婆塞，恆行慈心，所謂不尼長者是。心恆悲念一切之類，所謂摩訶納釋種是。常行喜心，所謂拔陀釋種是。恆行護心，不失善行，所謂毗闍先優婆塞是。堪任行忍，所謂師子大將是。能雜種論，所謂毗舍御優婆塞是。賢聖默然，難提婆羅優婆塞是。勤修善行，無有休息，所謂優多羅優婆塞是。諸根寂靜，所謂天摩優婆塞是。我弟子中最後受證，所謂拘夷那摩羅是。」

不尼・摩訶納，拔陀・毗闍先，

師子・毗舍・難，優多・天・摩羅。

「四十優婆塞，盡當廣說如上。」

清信女品第七

【增壹阿含經卷第三】

◉四〇

「我弟子中第一優婆斯，初受道證，所謂難陀難陀婆羅優婆斯是。智慧第一，久壽多羅優婆斯是。恆喜坐禪，須毗耶女優婆斯是。慧根了了，毗浮優婆斯是。堪能說法，鴦竭闍優婆斯是。善演經義，跋陀娑羅須焰摩優婆斯是。降伏外道，婆修陀優婆斯是。音響清徹，無憂優婆斯是。能種種論，婆羅陀優婆斯是。勇猛精進，所謂須頭優婆斯是。」

難陀陀・久壽，須毗・鴦竭闍，
須焰及無憂，婆羅陀・須頭。

◉四一

「我弟子中第一優婆斯，供養如來，所謂摩利夫人是。承事正法，所謂須賴婆夫人是。供養聖衆，捨彌夫人是。瞻視當來過去賢士，所謂月光夫人是。檀越第一，雷電夫人是。恆行慈三昧，所謂摩訶光優婆斯是。行悲哀愍，毗提優婆斯是。喜心不絕，拔陀優婆斯是。行守護業，難陀母優婆斯是。得信解脫，照曜優婆斯是。」

摩利・須賴婆，捨彌・光月・雷，
大光・毗提・陀，難陀及照曜。

◉四二

「我弟子中第一優婆斯，恆行忍辱，所謂無憂優婆斯是。行空三昧，所謂毗讎先優婆斯是。行無想三昧，所謂優那陀優婆斯是。行無願三昧，無垢優婆斯是。好教授彼，尸利夫人優婆斯是。善能持戒，鴦竭摩優婆斯是。形貌端正，雷焰優婆斯是。諸根寂靜，最勝優婆斯是。多聞博知，泥羅優婆斯是。能造頌偈，脩摩迦提須達女優婆斯是。無所怯弱，亦是須達女優婆斯是。我聲聞中最後取證優婆斯者，所謂藍優婆斯是。」

無優・毗讎先，優那・無垢・，
鴦竭・雷焰・勝，泥・脩摩・藍女。

「此三十優婆斯，廣說如上。」

【增壹阿含經卷第五】

壹入道品第十二

◉八八

聞如是：

一時，佛在羅閱城迦蘭陀竹園所，與大比丘衆五百人俱。

爾時，尊者大迦葉住阿練若，到時乞食，不擇貧富，一處一坐，終不移易，樹下，露坐，或空閑處，著五納衣，或持三衣，或在冢間，或時一食，或正中食，或行頭陀，年高長大。爾時，尊者大迦葉食後，便詣一樹下禪定。禪定已，從座起，整衣服，往至世尊所。

是時，世尊遙見迦葉來，世尊告曰：「善來，迦葉！」時，迦葉便至世尊所，頭面禮足，在一面坐。

世尊告曰：「迦葉！汝今年高長大，志衰朽弊。汝今可捨乞食，乃至諸頭陀行，亦可受諸長者請，並受衣裳。」

迦葉對曰：「我今不從如來教。所以然者，若如來不成無上正真道者，我則成辟支佛。然彼辟支佛盡行阿練若，到時乞食，不擇貧富，一處一坐，終不移易，樹下，露坐，或空閑處，著五納衣，或持三衣，或在冢間，或時一食，或正中食，或行頭陀。如今不敢捨本所習，更學餘行。」

世尊告曰：「善哉！善哉！迦葉！多所饒益，度人無量，廣及一切，天、人得度。所以然者，若，迦葉！此頭陀行在世者，我法亦當久在於世，設法在世，增益天道，三惡道便減。亦成須陀洹、斯陀含、阿那含三乘之道，皆存於世。諸比丘！所學皆當如迦葉所習。如是，諸比丘！當作是學！」

爾時，諸比丘聞佛所說，歡喜奉行！

◉八九

聞如是：

一時，佛在舍衛國祇樹給孤獨園。

爾時，世尊告諸比丘：「利養甚重，令人不得至無上正真之道。所以然者，諸比丘！彼提婆達兜愚人取彼王子婆羅留支五百釜食供養。設彼不與者，提婆達兜愚人終不作此惡；以婆羅留支王子五百釜食，日來供養，是故提婆達兜起五逆惡，身壞命終，生摩訶阿鼻地獄中。以此方便，當知利養甚重，令人不得至無上正真之道。若未生利養心不應令生，已生當滅之。如是，諸比丘！當作是學！」

爾時，諸比丘聞佛所說，歡喜奉行！

【增壹阿含經卷第六】

利養品第十三

◉九六

聞如是：

一時，佛在拔祇國尸牧摩羅山鬼林鹿園中。

爾時，那憂羅公長者往至世尊所，頭面禮足，在一面坐。須臾，退坐白世尊曰：「我今年朽，加復抱病，多諸憂惱，唯願世尊隨時教訓，使衆生類長夜獲安隱！」

爾時，世尊告長者曰：「如汝所言，身多畏痛，何可恃怙？但以薄皮而覆其上。長者當知：其有依憑此身者，正可見須臾之樂；此是愚心，非智慧者所貴。是故，長者！雖身有病，令心無病。如是，長者！當作是學！」

爾時，長者聞說斯言，從座起，禮世尊足，便退而去。

爾時，長者復作是念：我今可往至尊者舍利弗所問斯義。是時，舍利弗去彼不遠，在樹下坐。是時，那優羅公往至舍利弗所，頭面禮足，在一面坐。

是時，舍利弗問長者：「顏貌和悅，諸根寂靜，必有所因。長者！故當從佛聞法耶？」

時，長者白舍利弗言：「云何，尊者舍利弗！顏貌焉得不和悅乎？所以然者，向者世尊以甘露之法，溉灌胸懷。」

舍利弗言：「云何，長者！以甘露之法，溉灌胸懷？」

長者報言：「於是，舍利弗！我至世尊所，頭面禮足，在一面坐。爾時，我白世尊曰：『年朽長大，恆抱疾病，多諸苦痛，不可稱計，唯願世尊分別此身，普使衆生，獲此安隱！』爾時，世尊便告我言：『如是，長者！此身多諸衰苦，但以薄皮而覆其上。長者當知：其有恃怙此身者，正可有斯須臾之樂，不知長夜受苦無量。是故，長者！此身雖有患，當使心無患。如是，長者！當作是學！』世尊以此甘露之法，而見溉灌。」

舍利弗言：「云何，長者！更不重問如來此義乎？云何身有患心有患？云何身有病心無病？」

長者白舍利弗言：「實無此辯重問世尊，身有患心有患，身有患心無患。尊者舍利弗必有此辯，願具分別！」

舍利弗言：「諦聽！諦聽！善思念之，吾當與汝廣演其義。」

對曰：「如是，舍利弗！從彼受教。」

舍利弗告長者曰：「於是，長者！凡夫之人不見聖人，不受聖教，不順其訓。亦不見善知識，不與善知識從事。彼計色爲我，色是我所，我是色所；色中有我，我中有色，彼色、我色合會一處。彼色、我色以集一處，色便敗壞，遷移不停，於中復起愁憂苦惱。痛、想、行、識皆觀我有識，識中有我，我中有識，彼識、我識合會一處。彼識、我識以會一處，識便敗壞，遷移不停，於中復起愁憂苦惱。如是，長者！是爲身亦有患，心亦有患。」

長者問舍利弗曰：「云何身有患心無患耶？」

舍利弗言：「於是，長者！賢聖弟子承事聖賢，修行禁法，與善知識從事，親近善知識。彼亦不觀我有色；不見色中有我，我中有色；不見色是我所，我是色所。彼色遷轉不住，彼色以移易，不生愁憂、苦惱、憂色之患；亦復不見痛、想、行、識。不見識中有我，我中有識；亦不見識我所，亦不見我所識。彼識、我識以會一處，識便敗壞，於中不起愁憂、苦惱。如是，長者！是爲身有患而心無患。是故，長者！當作是習，遺身去心，亦無染著。如是，長者！當作是學！」

爾時，那憂羅公聞舍利弗所說，歡喜奉行！

◉九九

聞如是：

一時，佛在羅閱城耆闍崛山中，與大比丘五百人俱。

爾時，尊者須菩提亦在王舍城耆闍崛山側，別作屋廬而自禪思。爾時，尊者須菩提身得苦患，甚爲沈重。便作是念：我此苦痛爲從何生？復從何滅？爲至何所？爾時，尊者須菩提便於露地而敷坐具，直身正意，專精一心，結跏趺坐，思惟諸入，欲害苦痛。

爾時，釋提桓因知尊者須菩提所念，便以偈敕波遮旬曰：

善業脫諸縛，居在靈鷲山；
今得極重患，樂空諸根定。
速來往問疾，覲省尊上顏；
既得獲大福，種德莫過是。

時，波遮旬對曰：「如是，尊者！」

爾時，釋提桓因將五百天人及波遮旬，譬如士夫屈伸臂頃，便從三十三天沒，來至靈鷲山中，離尊者須菩提不遠，復以此偈語波遮旬曰：

汝今覺善業，樂禪三昧定；
柔和清淨音，令使從禪起。

波遮旬對曰：「如是。」

爾時，波遮旬從釋提桓因聞語已，便調琉璃之琴，前至須菩提所，便以此偈歎須菩提曰：

結盡永無餘，諸念不錯亂；
諸塵垢悉盡，願速從禪覺。
心息渡有河，降魔度諸結；
功德如大海，願速從定起。

眼淨如蓮花，諸穢永不著；
無歸與作歸，空定速時起。
渡四流無爲，善解無老病；
以脫有爲災，唯尊時定覺。
五百天在上，釋主躬自來；
欲覲聖尊顏，解空速時起。

爾時，尊者須菩提即從座起，復歎波遮旬曰：「善哉！波遮旬！汝今音與琴合，琴與音合，而無有異。然琴音不離歌音，歌音不離琴音，二聲共合，乃成妙聲。」

爾時，釋提桓因便往至尊者須菩提所，頭面禮足在一面坐。爾時，釋提桓因白須菩提言：「云何善業所抱患苦有增損乎？今此身病爲從何生？身生耶？意生乎？」

爾時，尊者須菩提語釋提桓因言：「善哉！拘翼！法法自生，法法自滅；法法相動，法法自息。猶如，拘翼！有毒藥，復有害毒藥。天帝釋！此亦如是，法法相亂，法法自息。法能生法，黑法用白法治，白法用黑法治。天帝釋！貪欲病者用不淨治，瞋恚病者用慈心治，愚癡病者用智慧治。如是，釋提桓因！一切所有皆歸於空，無我、無人，無壽、無命，無士、無夫，無形、無像，無男、無女。猶如，釋提桓因！風壞大樹，枝葉彫落；雷雹壞苗，華菓初茂，無水自萎；天降時雨，生苗得存。如是，天帝釋！法法相亂，法法自定。我本所患疼痛苦惱，今日已除，無復患苦。」

是時，釋提桓因白須菩提言：「我亦有愁憂苦惱，今聞此法無復有愁憂。衆事猥多，欲還天上。己亦有事及諸天事，皆悉猥多。」

時，須菩提言：「今正是時，宜可時去。」

是時，釋提桓因即從座起，前禮須菩提足，遶三匝而去。

是時，尊者須菩提便說此偈：

能仁說此語，根本悉具足；
智者獲安隱，聞法息諸病。

爾時，釋提桓因聞尊者須菩提所說，歡喜奉行！

調達及二經，皮及師利羅，
竹膊・孫陀利，善業・釋提桓。

【增壹阿含經卷第七】

火滅品第十六

◉一二三

聞如是：

一時，佛在舍衛國祇樹給孤獨園。

爾時，世尊告諸比丘：「我今當說人有似驢者，有似牛者。諦聽！諦聽！善思念之。」

諸比丘對曰：「如是，世尊！」是時，諸比丘從佛受教。

世尊告曰：「彼云何名人像驢者？若有一人，剃除鬚髮，著三法衣，以信牢固，出家學道。爾時，彼人諸根不定，若眼見色，隨起色想，流馳萬端，爾時眼根則非清淨，生諸亂想，不能制持，衆惡普至，亦復不能護於眼根。耳聞聲，鼻嗅香，舌知味，身知細滑，意知法，隨起識病，流馳萬端，爾時意根則非清淨，生諸亂想，不能制持，衆惡普至，亦復不能護於意根。無有威儀禮節之宜，行步進止，屈伸低仰，執持衣鉢，都違禁戒，便爲梵行人所見譏彈：『咄！此愚人像如沙門？』便取彈舉：『設是沙門者，宜不應爾。』彼作是說：『我亦是比丘！我亦是比丘！』猶如驢入牛羣之中而自稱曰：『我亦是牛！我亦是牛！』然觀其兩耳，復不似牛，角亦不似，尾亦不似，音聲各異。爾時，羣牛或以角觝，或以腳蹋，或以口嚙者。今此比丘亦復如是，諸根不定，若眼見色，隨起色想，流馳萬端，爾時眼根則非清淨，生諸亂想，不能制持，衆惡普至，亦復不能護於眼根。耳聞聲，鼻嗅香，舌知味，身了細滑，意知法，隨起識病，流馳萬端，爾時意根則非清淨，生諸亂想，不能制持，衆惡普至，亦復不能護念意根。

無有威儀禮節之宜，行步進止，屈伸低仰，執持禁戒，便為梵行人所見譏彈：『咄！此愚人像如沙門？』便見彈舉：『設是沙門者，宜不應爾。』爾時彼作是說：『我是沙門！』猶如驢入於牛羣，是謂人像驢者也。

「彼人云何像牛者耶？若有一人，剃除鬚髮，著三法衣，以信牢固，出家學道。爾時，彼人諸根寂定，飲食知節，竟日經行，未曾捨離意遊三十七道品之法。若眼見色，不起色想，亦無流馳之念，爾時眼根則應清淨，生諸善想，亦能制持，無復諸惡，常擁護於眼根。耳聲、鼻香、口味、身細滑、意法不起識病，爾時意根則得清淨。彼人便到諸梵行人所，諸梵行人遙見來已，各自揚聲：『善來，同學！』隨時供養，不使有乏，猶如良牛入牛衆中，而自稱說：『我今是牛！』然其毛尾、耳角、音聲都悉是牛，諸牛見已，各來舐體。此亦如是，剃除鬚髮，著三法衣，以信牢固，出家學道。爾時，彼人諸根寂定，飲食知節，竟日經行，未曾捨離意遊三十七道品之法。若眼見色，不起色想，亦無流馳之念，爾時眼根則得清淨，生諸善想，亦能制持，無復諸惡，常擁護於眼根。耳聲、鼻香、口味、身細滑、意法不起識病，爾時意根則得具足，是謂此人像牛者也。如是，諸比丘！當學如牛，莫像如驢也。如是，諸比丘！當作是學！」

爾時，諸比丘聞佛所說，歡喜奉行！

◉一二四

聞如是：

一時，佛在舍衞國祇樹給孤獨園。

爾時，世尊告諸比丘：「我今當說善、不善行。諦聽！諦聽！善思念之。」

諸比丘對曰：「如是，世尊！」爾時，諸比丘從佛受教。

世尊告彼：「云何名爲不善？云何名爲善？所謂殺生爲不善，不殺爲善。不與取爲不善，與取爲善。淫泆爲不善，不淫爲善。妄語爲不善，不妄語爲善。綺語爲不善，不綺語爲善。兩舌爲不善，不兩舌爲善。鬥亂彼此爲不善，不鬥亂彼此爲善。貪他爲不善，不貪他爲善。起恚爲不善，不起恚爲善。邪見爲不善，正見爲善。如是，比丘行此惡已，墮畜生、餓鬼、地獄中。設行善者，便生人中、天上，及諸善趣阿須倫中。是故，當遠離惡行，修習善行。如是，諸比丘！當作是學！」

爾時，諸比丘聞佛所說，歡喜奉行！

安般品第十七之一

【增壹阿含經卷第七】

◉一三〇

聞如是：

一時，佛在舍衛國祇樹給孤獨園。

爾時，世尊到時，著衣持鉢，將羅雲入舍衛城分衛。爾時，世尊右旋顧謂羅雲：「汝今當觀色爲無常。」

羅雲對曰：「如是，世尊！色爲無常。」

世尊告曰：「羅雲！痛、想、行、識，皆悉無常。」

羅雲對曰：「如是，世尊！痛、想、行、識，皆爲無常。」

是時，尊者羅雲復作是念：此有何因緣，今方向城分衞，又在道路，何故世尊而面告誨我？今宜當還歸所在，不應入城乞食。

爾時，尊者羅雲即中道還到祇桓精舍，持衣鉢，詣一樹下，正身正意，結跏趺坐，專精一心，念色無常，念痛、想、行、識無常。爾時，世尊於舍衞城乞食已，食後在祇桓精舍而自經行，漸漸至羅雲所。到已，告羅雲曰：「汝當修行安般之法，修行此法，所有愁憂之想皆當除盡。汝今復當修行惡露不淨想，所有貪欲盡當除滅。汝今，羅雲！當修行慈心！已行慈心，所有瞋恚皆當除盡。汝今，羅雲！當行悲心！已行悲心，所有害心悉當除盡。汝今，羅雲！當行喜心！已行喜心，所有嫉心皆當除盡。汝今，羅雲！當行護心！已行護心，所有憍慢悉當除盡。爾時，世尊向羅雲便說此偈：

莫數起著想，恆當自順法；如此智之士，名稱則流布。
與人執炬明，壞於大闇冥；天龍戴奉敬，敬奉師長尊。
我不起著想，恆復順於法；如此智之士，則能奉師長。

是時，羅雲比丘復以此偈報世尊曰：

爾時，世尊作是教敕已，便捨而去，還詣靜室。是時，尊者羅雲復作是念：今云何修行安般，除去愁憂，無有諸想？是時，羅雲即從座起，便往世尊所。到已，頭面禮足，在一面坐。須臾退坐，白世尊曰：「云何修行安般，除去愁憂，無有諸想，獲大果報，得甘露味？」

世尊告曰：「善哉！善哉！羅雲！汝乃能於如來前而師子吼，問如此義：『云何修行安般，除去愁憂，無有諸想，獲大果報，得甘露味？』汝今，羅雲！諦聽！諦聽！善思念之，吾當爲汝具分別說。」

對曰：「如是，世尊！」爾時，尊者羅雲從世尊受教。

世尊告曰：「如是，羅雲！若有比丘樂於閑靜無人之處，便正身正意，結跏趺坐，無他異念，繫意鼻頭，出息長知息長，入息長亦知息長；出息短亦知息短，入息短亦知息短；出息冷亦知息冷，入息冷亦知息冷；出息暖亦知息暖，入息暖亦知息暖。盡觀身體入息、出息，皆悉知之。有時有息亦復知有，有時無息亦復知無。若息從心出亦復知從心出，若息從心入亦復知從心入。如是，羅雲！能修行安般者，則無愁憂惱亂之想，獲大果報，得甘露味。」

爾時，世尊具足與羅雲說微妙法已，羅雲即從座起，禮佛足，遶三匝而去。往詣安陀園，在一樹下，正身正意，結跏趺坐，無他餘念，繫心鼻頭，出息長亦知息長，入息長亦知息長；出息短亦知息短，入息短亦知息短；出息冷亦知息冷，入息冷亦知息冷；出息暖亦知息暖，入息暖亦知息暖。盡觀身體入息、出息，皆悉知之。有時有息亦復知有，有時無息亦復知無。若息從心出亦復知從心出，若息從心入亦復知從心入。

爾時，羅雲作如是思惟，欲心便得解脫，無復眾惡。有覺、有觀，念持喜安，遊於初禪。有覺、有觀，內自歡喜，專其一心，無覺、無觀，三昧念喜，遊於二禪。無復喜念，自守覺知身樂，諸賢聖常所求護喜念，遊於三禪。彼苦樂已滅，無復愁憂，無苦無樂，護念清淨，遊於四禪。

彼以此三昧，心清淨無塵穢，身體柔軟，知所從來，憶本所作，自識宿命無數劫事。亦知一生、二生、三生、四生、五生、十生、二十生、三十生、四十生、五十生、百生、千生、萬生、數十萬生，成劫、敗劫，無數成劫、無數敗劫，億載不可計，我曾生彼，名某姓某，食如此食，受如此苦樂，壽命長短，彼終生此，此終生彼。彼以此三昧，心清淨無瑕穢，亦無諸結。亦知眾生所起之心，彼復以天眼清淨無瑕穢，觀眾生類，生者、逝者，善色、惡色，善趣、惡趣，若好、若醜，所行、所造，如實知之。

或有眾生，身行惡，口行惡，意行惡，誹謗賢聖，行邪見，造邪見行，身壞命終，入地獄中。或復眾生，身行善，口行善，意行善，不誹謗賢聖，恆行正見，造正見行，身壞命終，生善處天上。是謂天眼清淨無瑕穢，觀衆生類：生者、逝者，善色、惡色，善趣、惡趣，若好、若醜，所行、所造，如實知之。復更施意，成盡漏心，彼觀此苦，如實知之。復觀苦集，亦知苦盡，亦知苦出要，如實知之。彼以作是觀，欲漏心得解脫，有漏、無明漏心得解脫。已得解脫，便得解脫智：生死已盡，梵行已立，所作已辦，更不復受有，如實知之。是時，尊者羅雲便成阿羅漢。

是時，尊者羅雲已成羅漢，便從座起，更整衣服，往至世尊所，頭面禮足，在一面住，白世尊曰：「所求已得，諸漏除盡。」

爾時，世尊告諸比丘：「諸得阿羅漢者，無有與羅雲等也。論有漏盡，亦是羅雲比丘。論持禁戒者，亦是羅雲比丘。所以然者，諸過去如來、等正覺，亦有此羅雲比丘。欲言佛子，亦是羅雲比丘。親從佛生，法之上者。」

爾時，世尊告諸比丘：「我聲聞中第一弟子能持禁戒，所謂羅雲比丘是。」爾時，世尊便說此偈：

具足禁戒法，諸根亦成就，漸漸當逮得，一切結使盡。

爾時，諸比丘聞佛所說，歡喜奉行！

【增壹阿含經卷第八】

安般品第十七之二

◉一三六

聞如是：

一時，佛在舍衛國祇樹給孤獨園。

爾時，尊者阿難在閑靜之處，獨自思惟，便生是念：諸有生民，興愛欲想，便生欲愛，晝夜習之，無有厭足。

爾時，尊者阿難向暮即從座起，著衣正服，便往至世尊所。到已，頭面禮足，在一面坐。爾時，尊者阿難白世尊曰：「向在閑靜之處，便生此念：諸有衆生，興欲愛想，便生欲愛，長夜習之，無有厭足。」

世尊告曰：「如是，阿難！如汝所言，諸有人民，興欲愛想，便增欲想，長夜習之，無有厭足。所以者何？昔者，阿難！過去世時有轉輪聖王，名曰頂生，以法治化，無有姦罔，七寶成就。所謂七寶者：輪寶、象寶、馬寶、珠寶、玉女寶、居士寶、典兵寶，是謂七寶。復有千子，勇猛强壯，能降伏諸惡，統領四天下不加刀杖。阿難當知：爾時頂生聖王便生此念：我今有此閻浮提地，人民熾盛，多諸珍寶，我亦曾從耆年長老邊聞：『西有瞿耶尼土，人民熾盛，多諸珍寶。』我今當往統彼國土。爾時，阿難！頂生適生斯念，將四部兵，從此閻浮地沒，便往至瞿耶尼土。

「爾時，彼土人民見聖王來，皆悉前迎，禮跪問訊：『善來，大王！今此瞿耶尼國，人民熾盛，唯願聖王當於此治化諸人民，使從法教！』爾時，阿難！聖王頂生即於瞿耶尼統領人民，乃經數百千年。

「是時，聖王頂生復於餘時便生此念：我有閻浮提，人民熾盛，多諸珍寶，亦雨七寶，乃至于膝。今亦復有此瞿耶尼，人民熾盛，多諸珍寶，我亦曾從長年許聞：『復有弗于逮，人民熾盛，多諸珍寶。』我今當往統彼國土，以法治化。爾時，阿難！頂生聖王適生斯念，將四部兵，從瞿耶尼沒，便往至弗于逮。

「爾時，彼土人民見聖王來，皆悉前迎，禮跪問訊，異口同響而作是語：『善來，大王！今此弗于逮，人民熾盛，多諸珍寶，唯願大王當於此治化諸人民，便從法教！』爾時，阿難！頂生聖王即於弗于逮統領人民，乃經百千萬歲。

「是時，聖王頂生復於餘時便生此念：我於閻浮提，人民熾盛，多諸珍寶，亦雨七寶，乃至于膝。今亦復有此瞿耶尼，人民熾盛，多諸珍寶，今亦復有此弗于逮國，人民熾盛，多諸珍寶，我亦曾從耆年長老邊聞：『復有鬱單越，人民熾盛，多諸珍寶，所為自由，無固守者。壽不中夭，正壽千歲。在彼壽終必生天上，不墮餘趣。著劫波育衣，食自然粳米。』我今當往統領彼國土，以法治化。

「爾時，阿難！頂生聖王適生斯念，將四部兵，從弗于逮沒，便往至鬱單越。遙見彼土鬱然青色，見已，便問左右臣曰：『汝等普見此土鬱然青色不乎？』對曰：『唯然，見之。』王告羣臣曰：『此是柔軟之草，軟若天衣而無有異。此等諸賢常於斯坐。』

「小復前行，遙見彼土晃然黃色，便告諸臣曰：『汝等普見此土晃然黃色不乎？』對曰：『皆悉見之。』大王曰：『此名自然粳米，此等諸賢恆食此食。如今卿等，亦當食此粳米。』

「爾時，聖王小復前行，復見彼土普悉平正，遙見高臺顯望殊特，復告諸臣：『汝等頗見此土普地平正乎？』對曰：『如是，皆悉見之。』大王報曰：『此名劫波育樹衣，汝等亦復當著此樹衣。』

「爾時，阿難！彼土人民見大王來，皆起前迎，禮跪問訊，異音同響而作是說：『善來，聖王！此鬱單越，人民熾盛，多諸珍寶，唯願大王當於此治化諸人民，使從法教！』爾時，阿難！頂生聖王即於鬱單越統領人民，乃經百千萬歲。

「是時，頂生聖王復於餘時便生此念：我今有閻浮地，人民熾盛，多諸珍寶，亦雨七寶，乃至于膝。今亦復有此瞿耶尼、弗于逮及此鬱單越，人民熾盛，多諸珍寶，我亦曾從耆年長老邊聞：『有三十三天快樂無比，壽命極長，衣食自然，玉女營從，不可稱計。』我今當往領彼天宮，以法治化。

「爾時，阿難！頂生聖王適生斯念，將四部兵，從鬱單越沒，便往至三十三天上。爾時，天帝釋遙見頂生聖王來，便作是說：『善來，大王！可就此坐。』爾時，阿難！頂生聖王即共釋提桓因一處坐。二人共坐，不可分別。顏貌舉動，言語聲響，一而不異。爾時，阿難！頂生聖王在彼，乃經數千百歲已，便生此念：我今有閻浮地，人民熾盛，多諸珍寶，亦雨七寶，乃至于膝。亦有瞿耶尼，亦復有弗于逮，亦復有鬱單越，人民熾盛，多諸珍寶。我今至此三十三天，我今宜可害此天帝釋，便於此間獨王諸天。爾時，阿難！頂生聖王適生此念，即於座上而自退墮，至閻浮里地，及四部兵皆悉墮落。爾時，亦失輪寶，莫知所在，象寶、馬寶同時命終，珠寶自滅，玉女寶、居士寶、典兵寶斯皆命終。

「爾時，頂生聖王身得重病，諸宗族親屬普悉雲集，問訊王病：『云何，大王！若使大王命終之後，有人來問此義：頂生大王臨命終時，有何言教？設有此問，當何以報之？』頂生聖王報曰：『若使我命終，命終之後有人問者，以此報之：頂生王者，領此四天下而無厭足，復至三十三天，在彼經數百千歲，意猶生貪，欲害天帝，便自墮落，即取命終。』

「汝今，阿難！勿懷狐疑。爾時，頂生王者豈異人乎？莫作是觀，所以然者，時頂生王者即我身是。爾時，我領此四天下，及至三十三天，於五欲中，無有厭足。阿難！當以此方便，證知所趣：興貪欲心，倍增其想，於愛欲中而無厭足；欲求厭足，當從聖賢智慧中求！」

爾時，世尊於大衆中，便說此偈：

貪淫如時雨，於欲無厭足；
樂少而苦多，智者所屏棄。

正使受天欲，五樂而自娛；
不如斷愛心，正覺之弟子。
食福經億劫，福盡還入獄；
受樂詎幾時，輒受地獄痛！

「是故，阿難！當以此方便，知於欲而去欲，永不興其想。當作是學！」

爾時，阿難聞佛所說，歡喜奉行！

◉一三八

聞如是：

一時，佛在舍衛國祇樹給孤獨園。

爾時，世尊告諸比丘：「我今當說善知識法，亦當說惡知識法。諦聽！諦聽！善思念之。」

諸比丘對曰：「如是，世尊！」爾時，諸比丘從佛受教。

世尊告曰：「彼云何名爲惡知識法？於是，比丘！惡知識人便生此念：我於豪族出家學道，餘比丘者卑賤出家。依己姓望，毀呰餘人，是謂名爲惡知識法。

「復次，惡知識人便生此念：我極精進奉諸正法，餘比丘者不精進持戒。復以此義，毀呰他人，而自貢高，是謂爲惡知識法。

「復次，惡知識者復作是念：我三昧成就，餘比丘者無有三昧，心意錯亂，而不一定。彼依此三昧，常自貢高，毀呰他人，是謂名爲惡知識法。

「復次，惡知識復作是念：我智慧第一，此餘比丘無有智慧。彼依此智慧，而自貢高，毀呰他人，是謂名爲惡知識法。

「復次，惡知識人復作是念：我今常得飯食、牀褥、臥具、病瘦醫藥，此餘比丘不能得此供養之具。彼依此利養之物，而自貢高，毀呰他人，是謂名爲惡知識法。是謂，比丘！惡知識人行此邪業。

「彼云何爲善知識之法？於是，比丘！善知識人不作是念：我豪族家生，此餘比丘不是豪族家，己身與彼而無有異，是謂名爲善知識法。

「復次，善知識人不作是念：我今持戒，此餘比丘不持戒行，己身與彼無有增減。彼依此戒，不自貢高，不毀他人。是謂，比丘！名爲善知識法。

「復次，比丘！善知識人復不作是念：我三昧成就，此餘比丘意亂不定，己身與彼亦無增減。彼依此三昧，不自貢高，亦不毀呰他人。是謂，比丘！名爲善知識法。

「復次，比丘！善知識人不作是念：我智慧成就，此餘比丘無有智慧，己身與彼亦無增減。彼依此智慧，不自貢高，亦不毀呰他人。是謂，比丘！名爲善知識法。

「復次，比丘！善知識人不作是念：我能得衣被、飯食、牀褥、臥具、疾病醫藥，此餘比丘不能得衣被、飯食、牀褥、臥具、疾病醫藥，己身與彼亦無增減。彼依此利養，不自貢高，亦不毀他人。是謂，比丘！名爲善知識法。」

爾時，世尊告諸比丘：「我今與汝分別惡知識法，亦復與汝說善知識法。是故，諸比丘！惡知識法當共遠離，善知識法念共修行。如是，諸比丘！當作是學！」

爾時，諸比丘聞佛所說，歡喜奉行！

【增壹阿含經卷第九】

慚愧品第十八

◉一四九

聞如是：

一時，佛在舍衛國祇樹給孤獨園。

爾時，世尊告諸比丘：「有此二人，於如來衆而興誹謗。云何為二人？謂非法言是法，謂法言是非法，是謂二人，誹謗如來。復有二人不誹謗如來。云何為二？所謂非法即是非法，真法即是真法，是謂二人不誹謗如來。是故，諸比丘！非法當言非法，真法當言真法。如是，諸比丘！當作是學！」

爾時，諸比丘聞佛所說，歡喜奉行！

◉一五〇

聞如是：

一時，佛在舍衛國祇樹給孤獨園。

爾時世尊告諸比丘：「有此二人獲福無量。云何爲二？所謂應稱譽者便歎譽之，不應稱者亦不稱歎之，是謂二人獲福無量。復有二人受罪無量。何等爲二？所謂可稱歎反更誹謗，不應稱嘆者更稱嘆。諸比丘！莫作是學！」

爾時，諸比丘聞佛所說，歡喜奉行！

【增壹阿含經卷第十】

勸請品第十九

◉一五三

聞如是：

一時，佛在舍衛國祇樹給孤獨園。

爾時，釋提桓因至世尊所，到已，頭面禮足，在一面住，白世尊曰：

「云何比丘斷於愛欲，心得解脫，乃至究竟安隱之處，無有諸患，天、人所敬？」

爾時，世尊告釋提桓因曰：「於是，拘翼！若是比丘聞此空法解無所有，則得解了一切諸法，如實知之。身所覺知苦樂之法，若不苦不樂之法，即於此身觀悉無常，皆歸於空，彼已觀此不苦不樂之變，亦不起想，以無有想，則無恐怖；以無恐怖，則般涅槃：生死已盡，梵行已立，所作已辦，更不復受有，如實知之。是謂，釋提桓因！比丘斷於愛欲，心得解脫，乃至究竟安隱之處，無有災患，天、人所敬。」

爾時，釋提桓因禮世尊足已，繞三匝而退。

當於爾時，尊者大目犍連去世尊不遠結跏趺坐，正身正意，繫念在前。爾時，尊者大目犍連便作是念：向者，帝釋得道跡而問事耶？為不得道跡而問義耶？我今當試之。

爾時，尊者大目犍連即以神足，如人屈伸臂頃，便至三十三天。爾時，釋提桓因遙見大目犍連遠來，即起奉迎，並作是語：「善來，尊者大目犍連！尊自不至此，亦大久矣！願欲與尊論說法義，願在此處坐。」

是時，目犍連問釋提桓因曰：「世尊與汝說斷愛欲之法，我欲聞之，今正是時，可與我說之。」

釋提桓因白言：「我今諸天事猥多，或自有事，或復有諸天事，我所聞者即時而忘。昔者，目連！與諸阿須倫共鬥，當鬥之日，諸天得勝，阿須倫退。爾時，我身躬往自戰，尋復領諸天還上天宮，坐最勝講堂。因鬥勝故，故名為最勝講堂。階巷成行，陌陌相值，一一階頭，七百樓閣，一一樓閣上，各七玉女，一一玉女，各有七使人。願尊目連在彼觀看。」

爾時，釋提桓因及毗沙門天王在尊者目連後，往至最勝講堂所。是時，釋提桓因及毗沙門天王，白大目揵連曰：「此是最勝講堂，悉可遊看。」

目揵連曰：「天王！此處極為微妙，皆由前身所作福祐故，致此自然寶堂，猶如人間小有樂處，各自慶賀，如天宮無異，皆由前身作福所致。」

爾時，釋提桓因左右玉女，各各馳走，莫知所如，猶如人間有所禁忌，皆懷慚愧。是時，釋提桓因所將玉女亦復如是，遙見大目揵連來，各各馳走，莫知所湊。時，大目揵連便作是念：此釋提桓因意甚放逸，我今宜可使懷恐怖。

是時，尊者大目揵連即以右腳指案地，彼宮殿六變震動。是時，釋提桓因及毗沙門天王皆懷恐怖，衣毛皆豎，而作是念：此大目揵連有大神足，乃能使此六宮殿六返震動，甚奇！甚特！未曾有是！是時，大目揵連便作是念：今此釋身以懷恐怖，我今宜可問其深義。

「云何，拘翼！如來所說除愛欲經者，今正是時，唯願與我等說！」釋提桓因報言：「目連！我前至世尊所，頭面禮足，在一面住。是時，我即白世尊曰：『云何比丘斷於愛欲，心得解脫，乃至究竟至無爲處，無有患苦，天、人所敬？』

「爾時，世尊便告我言：『於是，拘翼！諸比丘聞法已，都無所著，亦不著色，盡解一切諸法，了無所有。以知一切諸法已，若苦、若樂，若不苦不樂，觀了無常，滅盡無餘，亦無斷壞。彼以觀此，已都無所著，已不起世間想，復無恐怖；以無恐怖，便般涅槃：生死已盡，梵行已立，所作已辦，更不復受有，如實知之。是謂，釋提桓因！比丘斷欲，心得解脫，乃至究竟無爲之處，無有患苦，天、人所敬。』爾時，我聞此語已，便禮世尊足，遶三匝，即退而去，還歸天上。」

是時，尊者大目揵連以深法之語，向釋提桓因及向毗沙門具分別之。爾時，目揵連具說法已，猶如士夫屈伸臂頃，從三十三天沒不現，便來至舍衛城祇樹給孤獨園，至世尊所，頭面禮足，在一面坐。爾時，目揵連即於座上白世尊曰：「如來前與釋提桓因說除欲之法，唯願世尊當與我說之！」

爾時，世尊告目揵連曰：「汝當知之，釋提桓因來至我所，頭面禮足，在一面立。爾時，釋提桓因問我此義：『云何，世尊！比丘斷愛欲，心得解脫？』爾時，我告釋提桓因曰：『拘翼！若有比丘解知一切諸法空無所有，亦無所著，盡解一切諸法了無所有，以知一切諸法無常，滅盡無餘，亦無斷壞。彼已觀此，已都無所著，已不起世間想，復無恐怖；已無恐怖，便般涅槃：生死已盡，梵行已立，所作已辦，更不復受有，如實知之。是謂，釋提桓因！比丘斷欲，心得解脫。』爾時，釋提桓因即從座起，頭面禮我足，便退而去，還歸天上。」

爾時，大目犍連聞佛所說，歡喜奉行！

【增壹阿含經卷第十二】

善知識品第二十

◉一六二

聞如是：

一時，佛在舍衛國祇樹給孤獨園。

爾時，世尊告諸比丘：「當親近善知識，莫習惡行，信於惡業。所以然者，諸比丘！親近善知識已，信便增益，聞、施、智慧普悉增益。若比丘親近善知識，莫習惡行。所以然者，若近惡知識，便無信、戒、聞、施、智慧。是故，諸比丘！當親近善知識，莫近惡知識。如是，諸比丘！當作是學！」

爾時，諸比丘聞佛所說，歡喜奉行！

◉一六三

聞如是：

一時，佛在羅閱城迦羅陀竹園所，與大比丘五百人俱，前後圍遶而爲說法。

爾時，提婆達兜將五百比丘去如來不遠而逕過，世尊遙見提婆達兜自將門徒，便說此偈：

莫親惡知識，亦莫愚從事；當近善知識，人中最勝者。
人本無有惡，習近惡知識；後必種惡根，永在闇冥中。

是時，提婆達兜五百弟子聞世尊說此偈已，便來至世尊所，頭面禮足，在一面坐。斯須退坐，向世尊悔過：「我等愚惑，無所識知，唯願世尊受我等懺悔！」

爾時，世尊受彼五百比丘懺悔，便與說法，令得信根。

爾時，五百比丘在閑靜之處思惟深法。所以然者，族姓子出家學道，以信堅固，修無上梵行。爾時，彼五百比丘便成阿羅漢：生死已盡，所作已辦，梵行已立，更不復受胎有，如實知之。爾時，五百人成阿羅漢。

是時，諸比丘聞佛所說，歡喜奉行！

◉一六九

聞如是：

一時，佛在舍衞國祇樹給孤獨園。

爾時，世尊告諸比丘：「若有阿練比丘在閑靜處，不在衆中，恒當恭敬，發歡喜心。若復阿練比丘在閑靜處，無有恭敬，不發歡喜心，正使在大衆中為人所論，不知阿練之法，云：『此阿練比丘無恭敬心，不發歡喜！』

「復次，比丘！阿練比丘在閑靜處，不在衆中，常當精進，莫有懈慢，悉當解了諸法之要。若復阿練比丘在閑靜之處，有懈慢心，作諸惡行，彼在衆中，為人所論：『此阿練比丘懈怠，無有精進。』是故，比丘！阿練比丘在閑靜處，不在衆中，常當下意發歡喜心，莫有懈慢、無有恭敬，念行精進，意不移轉，於諸善法，悉當具足。如是，諸比丘！當作是學！」

爾時，諸比丘聞佛所說，歡喜奉行！

◉一七二

聞如是：

一時，佛在舍衛國祇樹給孤獨園。

爾時，世尊告諸比丘：「教二人作善不可得報恩。云為二？所謂父母也。若復，比丘！有人以父著左肩上，以母著右肩上，至千萬歲，衣被、飯食、牀蓐臥具、病瘦醫藥，即於肩上放於屎溺，猶不能得報恩。比丘當知：父母恩重，抱之、育之，隨時將護，不失時節，得見日月，以此方便，知此恩難報。是故，諸比丘！當供養父母，常當孝順，不失時節。如是，諸比丘！當作是學！」

爾時，諸比丘聞佛所說，歡喜奉行！

◉一七三

聞如是：

一時，佛在舍衛國祇樹給孤獨園。

爾時，尊者槃特告弟朱利槃特曰：「若不能持戒者，還作白衣！」是時，朱利槃特聞此語已，便詣祇洹精舍門外立而墮淚。

爾時，世尊以天眼清淨，觀是朱利槃特比丘在門外立，而悲泣不能自勝。時，世尊從靜室起，如似經行至祇洹精舍門外，告朱利槃特曰：「比丘！何故在此悲泣？」

朱利槃特報曰：「世尊！兄見驅逐：『若不能持戒者，還作白衣，不須住此。』是故悲泣耳！」

世尊告曰：「比丘！勿懷畏怖，我成無上等正覺，不由卿兄槃特得道。」

爾時，世尊手執朱利槃特詣靜室教使就坐。世尊復教使執掃彗：「汝誦此字，爲字何等？」

是時，朱利槃特誦得掃，復忘彗；若誦得彗，復忘掃。

爾時，尊者朱利槃特誦此篲掃乃經數日。然此掃彗復名除垢，朱利槃特復作是念：何者是除？何者是垢？垢者灰土瓦石，除者清淨也。復作是念：世尊何故以此教誨我？我今當思惟此義。以思惟此義，復作是念：今我身上亦有塵垢，我自作喻，何者是除？何者是垢？彼復作是念：縛結是垢，智慧是除，我今可以智慧之彗，掃此結縛。

爾時，尊者朱利槃特思惟五盛陰成者、敗者。所謂此色、色集、色滅，是謂痛、想、行、識，成者、敗者。爾時，思惟此五盛陰已，欲漏心得解脫，有漏心、無明漏心得解脫。已得解脫，便得解脫智：生死已盡，梵行已立，所作已辦，更不復受胎有，如實知之，尊者朱利槃特便成阿羅漢。

已成阿羅漢，即從座起，詣世尊所，頭面禮足，在一面坐，白世尊曰：「今已有智，今已有慧，今已解掃彗。」

世尊告曰：「比丘！云何解之？」

朱利槃特報曰：「除者謂之慧，垢者謂之結。」

世尊告曰：「善哉！比丘！如汝所言，除者是慧，垢者是結。」

爾時，尊者朱利槃特向世尊而說此偈：

今誦此已足，如尊之所說；智慧能除結，不由其餘行。

世尊告曰：「比丘！如汝所言，以智慧，非由其餘。」

爾時，尊者聞世尊所說，歡喜奉行！

【增壹阿含經卷第十二】

三寶品第二十一

◉一七五

聞如是：

一時，佛在舍衛國祇樹給孤獨園。

爾時，世尊告諸比丘：「有三自歸之德。云何為三？所謂歸佛第一之德，歸法第二之德，歸僧第三之德。

「彼云何名為歸佛之德？諸有衆生，二足、四足、衆多足者，有色、無色，有想、無想，至尼維先天上，如來於中，最尊、最上，無能及者。由牛得乳，由乳得酪，由酪得酥，由酥得醍醐，然復醍醐於中，最尊、最上，無能及者。此亦如是，諸有衆生，二足、四足、衆多足者，有色、無色，有想、無想，至尼維先天上，如來於中，最尊、最上，無能及者。諸有衆生承事佛者，是謂承事第一之德。以獲第一之德，便受天上、人中之福，此名第一之德。

「云何名爲自歸法者？所謂諸法：有漏、無漏，有爲、無爲，無欲、無染，滅盡、涅槃；然涅槃法於諸法中最尊、最上，無能及者。由牛得乳，由乳得酪，由酪得酥，由酥得醍醐，然復醍醐於中，最尊、最上，無能及者。此亦如是，所謂諸法：有漏、無漏，有爲、無爲，無欲、無染，滅盡、涅槃；然涅槃法，於諸法中，最尊、最上，無能及者。諸有衆生承事法者，是謂承事第一之德。以獲第一之德，便受天上、人中之福，此名第一之德。」

「云何名爲自歸聖衆？所謂聖衆者，大衆大聚有形之類。衆生之中，如來衆僧於此衆中，最尊、最上，無能及者。由牛得乳，由乳得酪，由酪得酥，由酥得醍醐，然復醍醐於中，最尊、最上，無能及者。此亦如是，所謂聖衆者，大衆大聚者。有形之類衆生之中，如來衆僧於此衆中，最尊、最上，無能及者，是謂承事第一之德。以獲第一之德，便受天上、人中之福，此名第一之德。

爾時，世尊便說此偈：

第一承事佛，最尊無有上；次復承事法，無欲無所著；
敬奉賢聖衆，最是良福田。彼人第一智，受福最在前；
若在天人中，處衆爲正導；亦得最妙座，自然食甘露。
身著七寶衣，爲人之所敬；戒具最完全，諸根不缺漏。
亦獲智慧海，漸至涅槃界；有此三歸者，趣道亦不難。

爾時，諸比丘聞佛所說，歡喜奉行！

◉一七六

聞如是：

一時，佛在舍衞國祇樹給孤獨園。

爾時，世尊告諸比丘：「有此三福之業。云何爲三？施爲福業，平等爲福業，思惟爲福業。

「彼云何名施爲福業？若有一人，開心布施沙門、婆羅門、極貧窮者、孤獨者、無所趣向者，須食與食，須漿給漿，衣被、飯食、床臥之具、病瘦醫藥、香花、宿止，隨身所便，無所愛惜，此名曰施福之業。

「云何名平等爲福業？若有一人不殺、不盜，恆知慚愧，不興惡想，亦不盜竊，好惠施人，無貪悋心，語言和雅，不傷人心。亦不他淫，自修梵行，己色自足。亦不妄語，恆念至誠，不欺誑言，世人所敬，無有增損。亦不飲酒，恆知避亂。復以慈心遍滿一方，二方、三方、四方亦爾，八方、上下遍滿其中，無量無限，不可限、不可稱計。以此慈心普覆一切，令得安隱。復以悲、喜、護心普滿一方，二方、三方、四方亦爾，八方、上下悉滿其中，無量無限，不可稱計。以此悲、喜、護心悉滿其中，是謂名為平等為福之業。

「彼法云何名思惟為福業？於是，比丘！修行念覺意，依無欲，依無觀，依滅盡，依出要。修擇法覺意，修念覺意，修猗覺意，修定覺意，修護覺意，依無欲，依無觀，依滅盡，依出要。是謂名思惟為福業。

「如是，比丘！有此三福之業。」

爾時，世尊便說此偈：

布施及平等，慈心護思惟；有此三處所，智者所親近。
此間受其報，天上亦復然；緣有此三處，生天必不疑。

「是故，諸比丘！當求方便，索此三處。如是，諸比丘！當作如是學！」

爾時，諸比丘聞佛所說，歡喜奉行！

◉一七八

聞如是：

一時，佛在舍衛國祇樹給孤獨園。

爾時，世尊告諸比丘：「若有衆生，欲起慈心，有篤信意，承受奉事父母、兄弟、宗族、室家、朋友、知識，當安三處，令不移動。云何爲三？當發歡喜，於如來所，心不移動。彼如來、至真、等正覺、明行成爲、善逝、世間解、無上士、道法御、天人師，號佛、世尊。

「復當發意於正法中。如來法者，善說無礙，極爲微妙，由此成果。如是智者當學知之！」

「亦當發意於聖衆所，如來聖衆，悉皆和合，無有錯亂，法法成就：戒成就、三昧成就、智慧成就、解脫成就、解脫見慧成就。所謂聖衆者，四雙八輩，十二賢聖，此是如來聖衆，可敬、可貴，此是世間無上福田。諸有比丘學此三處，則成大果報。如是，諸比丘！當作是學！」

爾時，諸比丘聞佛所說，歡喜奉行！

◉一七九

聞如是：

一時，佛在舍衛國祇樹給孤獨園。

爾時，瞿波離比丘至世尊所，頭面禮足，在一面坐。爾時，彼比丘白世尊曰：「此舍利弗、目犍連比丘所行甚惡，造諸惡行。」

世尊告曰：「勿作是語！汝發歡喜心於如來所，舍利弗、目犍連比丘所行純善，無有諸惡。」

是時，瞿波離比丘再三白世尊曰：「如來所說誠無虛妄，然舍利弗、目犍連比丘所行甚惡，無有善本。」

世尊告曰：「汝是愚人，不信如來之所說乎？方言：『舍利弗、目犍連比丘所行甚惡。』汝今造此惡行，後受報不久。」

爾時，彼比丘即於座上，身生惡瘡，大如芥子，轉如大豆，漸如阿摩勒果，稍如胡桃，遂如合掌，膿血流溢，身壞命終，生蓮華地獄中。

是時，尊者大目犍連聞瞿波離命終，便至世尊所，頭面禮足，在一面坐，須臾退坐，白世尊曰：「瞿波離比丘爲生何處？」

世尊告曰：「彼命終者生蓮華地獄中。」

是時，目連白世尊曰：「我今欲往至彼地獄，教化彼人。」

世尊告曰：「目連！不須往彼。」

目連復重白世尊曰：「欲往至彼地獄中，教化彼人。」

爾時，世尊亦默然不對。

是時，尊者大目犍連如力士屈伸臂頃，從舍衞沒不現，便至蓮華大地獄中。當爾時，瞿波離比丘身體火然，又有百頭牛，以犁其舌。

爾時，尊者大目犍連在虛空中結跏趺坐，彈指告彼比丘。

彼比丘即仰問曰：「汝是何人？」

目犍連報曰：「瞿波離！我是釋迦文佛弟子，字目犍連，姓拘利陀。」

是時，比丘見目連已，吐此惡言：「我今墮此惡趣，猶不免汝前乎？」說此語訖，即其時以有千頭牛以犁其舌。

目連見已，倍增愁悒，生變悔心，即於彼沒，還至舍衛國至世尊所，頭面禮足，在一面住。爾時，目連以此因緣具白世尊。

世尊告曰：「我前語汝，不須至彼見此惡人。」

爾時，世尊便說此偈：

夫士之生，斧在口中；所以斬身，由其惡言。
彼息我息，此二俱善；已造惡行，斯墮惡趣。
此爲最惡，有盡無盡；向如來惡，此爲最重。
一萬三千，六一灰獄；謗聖墮彼，身口所造。

爾時，世尊告諸比丘：「當學三法，成就其行。云何爲三？身行善、口行善、意行善。如是，比丘！當作是學！」

爾時，諸比丘聞佛所說，歡喜奉行！

◉一八〇

聞如是：

一時，佛在舍衛國祇樹給孤獨園。

爾時，世尊告諸比丘：「若有比丘成就三法，於現法中善得快樂，勇猛精進，得盡有漏。云何爲三？於是，比丘！諸根寂靜，飲食知節，不失經行。

「云何比丘諸根寂靜？於是，比丘若眼見色，不起想著，無有識念，於眼根而得清淨。因彼求於解脫，恆護眼根。若耳聞聲，鼻嗅香，舌知味，身知細滑，意知法，不起想著，無有識念，於意根而得清淨。因彼求於解脫，恆護意根。如是，比丘諸根寂靜。

「云何比丘飲食知節？於是，比丘思惟飲食所從來處，不求肥白，趣欲支形，得全四大。我今當除故痛，使新者不生，令身有力，得修行道，使梵行不絕。猶如男女身生惡瘡，或用脂膏塗瘡。所以塗瘡者，欲使時愈故，此亦如是，諸比丘！飲食知節。於是，比丘思惟飯食所從來處，不求肥白，趣欲支形，得全四大。我今當除故痛，使新者不生，令身有力，得修行道，使梵行不絕。猶如重載之車所以膏轂者，欲致重有所至。比丘亦如是，飲食知節，思惟所從來處，不求肥白，趣欲支形，得全四大。我今當除故痛，使新者不生，令身有力，得修行道，使梵行不絕。如是，比丘飲食知節。

「云何比丘不失經行？於是，比丘前夜、後夜，恆念經行，不失時節，常念繫意在道品之中，若在晝日，若行、若坐，思惟妙法，除去陰蓋。復於初夜，若行、若坐，思惟妙法，除去陰蓋。復於中夜，右脅而臥，思惟繫意在明。彼復於後夜起，若行、若坐，思惟深法，除去陰蓋。如是，比丘不失經行。

「若有比丘諸根寂靜，飲食知節，不失經行，常念繫意在道品之中，此比丘便成二果，於現法中得阿那含。猶如善御之士，在平正道中，御四馬之車，無有凝滯，所欲到處，必果不疑。此比丘亦復如是，若諸根寂靜，飲食知節，不失經行，常念繫意在道品之中，此比丘便成二果，於現法中，漏盡得阿那含。」

爾時，諸比丘聞佛所說，歡喜奉行！

◉一八一

聞如是：

一時，佛在舍衛國祇樹給孤獨園。

爾時，世尊告諸比丘：「有三大患。云何爲三？所謂風爲大患，痰爲大患，冷爲大患。是謂，比丘！有此三大患。然復此三大患有三良藥。云何爲三？若風患者酥爲良藥，及酥所作飯食。若痰患者蜜爲良藥，及蜜所作飯食。若冷患者油爲良藥，及油所作飯食。是謂，比丘！此三大患有此三藥。

「如是，比丘亦有此三大患。云何爲三？所謂貪欲、瞋恚、愚癡。是謂，比丘有此三大患。然復此三大患有三良藥。云何爲三？若貪欲起時，以不淨往治，及思惟不淨道。瞋恚大患者，以慈心往治，及思惟慈心道。愚癡大患者，以智慧往治，及因緣所起道。是謂，比丘！此三大患有此三藥。是故，比丘！當求方便，索此三藥。如是，比丘！當作是學！」

爾時，諸比丘聞佛所說，歡喜奉行！

◉一八三

聞如是：

一時，佛在舍衛國祇樹給孤獨園。

爾時，有衆多比丘到時，著衣持鉢，入城乞食。是時，衆多比丘便生此念：我等入城乞食，日時猶早，今可相率至外道梵志所。

爾時，衆多比丘便往至異學梵志所。到已，共相問訊，在一面坐。是時，梵志問沙門曰：「瞿曇道士恆說欲論、色論、痛論、想論，如此諸論有何差別？我等所論亦是沙門所說，沙門所說亦是我等所論。說法同我說法，教誨同我教誨。」

是時，衆多比丘聞彼語已，亦不言善，復非言惡，即從座起而去，並作是念：我等當以此義往問世尊。

爾時，衆多比丘食後便至世尊所。到已，頭面禮足，在一面坐。是時，衆多比丘從梵志所，問事因緣本末盡白世尊。

爾時，世尊告諸比丘：「設彼梵志作是問者，汝等當以此義，訓彼來問：『欲有何味？復有何過？當捨離欲。色有何味？復有何過？當捨離色。痛有何味？復有何過？當捨離痛。』汝等設以此語訓彼來問者，彼諸梵志默然不對。設有所說者，亦不能解此深義，遂增愚惑，墮於邊際。所以然者，非彼境界。然復，比丘！魔及魔天、釋、梵、四天王、沙門、婆羅門、人及非人能解此深義者，除如來、等正覺及如來聖衆；受吾教者，此即不論。

「欲有何味？所謂五欲者是。云何爲五？眼見色，爲起眼識，甚愛敬念，世人所喜。若耳聞聲、鼻嗅香、舌知味、身知細滑，甚愛敬念，世人所喜。若復於此五欲之中，起苦、樂心，是謂欲味。

「云何欲有何過者？若有一族姓子，學諸伎術，而自營己。或學田作，或學書疏，或學傭作，或學算數，或學權詐，或學刻鏤，或學通信，至彼來此。或學承事王身，不避寒暑，記累勤苦，不自由己，作此辛苦而獲財業，是爲欲爲大過。

「現世苦惱，由此恩愛，皆由貪欲。然復彼族姓子，作此勤勞，不獲財寶，彼便懷愁憂，苦惱不可稱記。便自思惟：我作此功勞，施諸方計，不得財貨。如此之比者，當念捨離，是爲當捨離欲。

「復次，彼族姓子或時作此方計而獲財貨，以獲財貨，廣施方宜。恆自擁護，恐王敕奪，爲賊偷竊，爲水所漂，爲火所燒。復作是念：正欲藏窖，恐後亡失；正欲出利，復恐不剋。或家生惡子，費散吾財。是爲欲爲大患，皆緣欲本，致此災變。

「復次，族姓子恆生此心，欲擁護財貨。後猶復爲國王所奪，爲賊所劫，爲水所漂，爲火所燒；所藏窖者亦復不剋；正使出利亦復不獲；居家生惡子，費散財貨，萬不獲一，便懷愁憂苦惱，椎胸喚呼：『我本所得財貨，今盡亡失！』遂成愚惑，心意錯亂，是謂欲爲大患。緣此欲本，不至無爲。

「復次，緣此欲本，著鎧執仗，共相攻伐。以相攻伐，或在象衆前、或在馬衆前、或在步兵前、或在車衆前，見馬共馬鬥、見象共象鬥、見車共車鬥、見步兵共步兵鬥，或相斫射，以矟相斫刺。如此之比，欲爲大患。緣欲爲本，致此災變。

「復次，緣此欲本，著鎧執仗，或在城門、或在城上，共相斫射，或以矟刺、或以鐵輪而轢其頭，或消鐵相灑。受此苦惱，死者衆多。

「復次，欲者亦無有常，皆代謝變易，不停不解。此欲變易無常者，此謂欲爲大患。

「云何當捨離欲？若能修行除貪欲者，是謂捨欲。謂諸有沙門、婆羅門不知欲之大患，亦復不知捨欲之原。如實不知沙門、沙門威儀，不知婆羅門、婆羅門威儀，此非沙門、婆羅門，亦復不能舉身作證而自遊戲。謂諸沙門、婆羅門審知欲爲大患，能捨離欲，如實不虛。知沙門有沙門威儀，知婆羅門有婆羅門威儀，己身作證而自遊戲，是爲捨離於欲。

「云何色味？設有見剎利女種、婆羅門女種、長者女種，年十四、十五、十六，不長不短，不肥不瘦，不白不黑，端正無雙，世之希有。彼最初見彼顏色，起喜樂想，是謂色味。

「云何爲色大患？復次，若後見彼女人，年八十、九十，乃至百歲，顏色變異，年過少壯，牙齒缺落，頭髮皓白，身體垢坋，皮緩面皺，脊僂呻吟，身如故車，形體戰掉，扶杖而行。云何，比丘！初見妙色，後復變易，豈非大患乎？」

諸比丘對曰：「如是，世尊！」

世尊告諸比丘：「是謂色爲大患。

「復次，此若見彼女人，身抱重患，臥於牀褥，失大小便，不能起止。云何，比丘！本見妙色，今致此患，豈非大患乎？」

諸比丘對曰：「如是，世尊！」

世尊告曰：「諸比丘！是謂色爲大患。」

「復次，比丘！若見彼女人身壞命終，將詣冢間。云何，比丘！本見妙色，今以變改，於中現起苦樂想，豈非大患乎？」

諸比丘對曰：「如是，世尊！」

世尊告曰：「是謂色爲大患。」

「復次，若見彼女人，死經一日、二日、三日、四日、五日，乃至七日，身體胮脹爛臭，散落一處。云何，比丘！本有妙色，今致此變，豈非大患乎？」

諸比丘對曰：「如是，世尊！」

世尊告曰：「是謂色爲大患。」

「復次，若見彼女人，烏、鵲、鵄、鷲競來食噉，或爲狐、狗、狼、虎所見食噉，或爲蜎飛蠢動、極細蠕蟲而見食噉。云何，比丘！彼本有妙色，今致此變，於中起苦、樂想，豈非大患乎？」

諸比丘對曰：「如是，世尊！」

世尊告曰：「是謂色爲大患。」

「復次，若見彼女人身，蟲鳥以食其半，腸胃肉血汙穢不淨。云何，比丘！彼本有妙色，今致此變，於中起苦、樂想，此非大患乎？」

諸比丘對曰：「如是，世尊！」

世尊告曰：「是謂色為大患。」

「復次，若見彼女人身，血肉以盡，骸骨相連。云何，比丘！彼本有妙色，今致此變，於中起苦、樂想，此豈非大患乎？」

諸比丘對曰：「如是，世尊！」

世尊告曰：「是謂色為大患。」

「復次，若見彼女人身，血肉以盡，唯有筋纏束薪。云何，比丘！本有妙色，今致此變，於中起苦、樂想，非大患乎？」

諸比丘對曰：「如是，世尊！」

世尊告曰：「是謂色為大患。」

「復次，若復見彼女人身，骸骨散落，各在一處，或腳骨一處，或膞骨一處，或胜骨一處，或臗骨一處，或脅肋一處，或肩臂骨一處，或頸骨一處，或髑髏一處。云何，諸比丘！本有妙色，今致此變，於中起苦、樂想，此豈非大患乎？」

諸比丘對曰：「如是，世尊！」

世尊告曰：「是謂色爲大患。」

「復次，若見彼女人身，骨皓白色，或似鴿色。云何！比丘！本有妙色，今致此變，於中起苦、樂想，豈非大患乎？」

諸比丘對曰：「如是，世尊！」

世尊告曰：「是謂色爲大患。」

「復次，若見彼女人，骸骨經無數歲，或有腐爛壞敗，與土同色。云何，比丘！彼本有妙色，今致此變，於中起苦、樂想，豈非大患乎？」

諸比丘對曰：「如是，世尊！」

世尊告曰：「是謂色爲大患。」

「復次，此色無常、變易，不得久停，無有牢强，是謂色爲大患。」

「云何色爲出要？若能捨離於色，除諸亂想，是謂捨離於色。謂諸沙門、婆羅門，於色著色，不知大患，亦不捨離，如實而不知，此非沙門、婆羅門。於沙門不知沙門威儀，於婆羅門不知婆羅門威儀，不能己身作證而自遊戲。謂諸有沙門、婆羅門，於色不著色，深知為大患，能知捨離，是謂於沙門知沙門威儀，於婆羅門知婆羅門威儀，己身作證而自遊戲，是謂捨離於色。

「云何為名痛味？於是，比丘！得樂痛時，便知我得樂痛；得苦痛時，便知我得苦痛；若得不苦不樂痛時，便知我得不苦不樂痛。若得食樂痛時，便知我得食樂痛；若得食苦痛時，便知我得食苦痛；若得食不苦不樂痛時，便知我得不苦不樂痛。不食苦痛時，便自知我不食苦痛；若不食樂痛時，便自知我不食樂痛；若不食不苦不樂痛時，便自知我不食不苦不樂痛。

「復次，比丘！若得樂痛，爾時不得苦痛，亦復無不苦不樂痛，爾時我唯有樂痛。若得苦痛時，爾時無有樂痛，亦無不苦不樂痛，唯有苦痛。若復，比丘！得不苦不樂痛時，爾時無有樂痛、苦痛，唯有不苦不樂痛。

復次，痛者無常、變易之法，以知痛無常、變易法者，是謂痛爲大患。

「云何痛爲出要？若能於痛捨離於痛，除諸亂想，是謂捨離於痛。諸有沙門、婆羅門於痛著痛，不知大患，亦不捨離，如實而不知，此非沙門、婆羅門。於沙門不知沙門威儀，於婆羅門不知婆羅門威儀，不能以身作證而自遊戲。諸有沙門、婆羅門於痛不著痛，深知爲大患，能知捨離，是謂於沙門知沙門威儀，於婆羅門知婆羅門威儀，以身作證而自遊戲，是謂捨離於痛。

「復次，比丘！若有沙門、婆羅門不知苦痛、樂痛、不苦不樂痛，如實而不知，復教他人使行者，此非其宜。若有沙門、婆羅門能捨離痛，如實而知，復勸教人使遠離之，此正其宜，是謂捨離於痛。

「我今，比丘！以說著欲、味欲，欲爲大患，復能捨者；亦說著色、味色，色爲大患，能捨離色；以說著痛、味痛，痛爲大患，能捨離痛，諸如來所應行者。所謂施設者，我今周訖。常當念在樹下空閑之處，坐禪思惟，莫有懈怠！是謂我之教敕。」

爾時，諸比丘聞佛所說，歡喜奉行！

◉一八四

聞如是：

一時，佛在舍衛國祇樹給孤獨園。

爾時，世尊告諸比丘：「有三不牢要。云何爲三？身不牢要、命不牢要、財不牢要。是謂，比丘！有此三不牢要。於此，比丘！三不牢要中，當求方便，成三牢要。云何爲三？不牢要身，求於牢要；不牢要命，求於牢要；不牢要財，求於牢要。

「云何不牢要身，求於牢要？所謂謙敬禮拜，隨時問訊。是謂不牢要身，求於牢要。

「云何不牢要命，求於牢要？於是，若有善男子、善女人盡形壽不殺生，不加刀杖，常知慚愧，有慈悲心，普念一切衆生。盡形壽不盜，恒念惠施，心無悋想。盡形壽不淫，亦不他淫。盡形壽不妄語，常念至誠，不欺世人。盡形壽不飲酒，意不錯亂，持佛禁戒。是謂命不牢要，求於牢要。

「云何財不牢要，求於牢要？若有善男子、善女人常念惠施，與沙門、婆羅門、諸貧匱者，須食者與食，須漿與漿，衣被、飲食、牀敷臥具、病瘦醫藥、舍宅、城郭，所須之具悉皆與之。如是，財不牢要，求於牢要。

「是謂，比丘！以此三不牢要，求此三牢要。」

爾時，世尊便說此偈：

知身不牢要，命亦不牢固；
財貨衰耗法，當求牢要者。
人身甚難得，命亦不久停；
財貨磨滅法，歡喜念惠施。

爾時，諸比丘聞佛所說，歡喜奉行！

第一德・福業，三因・三安・瞿，

三夜・病・惡行，苦除・不牢要。

【增壹阿含經卷第十二】

三供養品第二十二

◉一八五

聞如是：

一時，佛在舍衛國祇樹給孤獨園。

爾時，世尊告諸比丘：「有三人，世人所應供養。云何為三？如來、至真、等正覺，世人所應供養；如來弟子漏盡阿羅漢，世人所應供養；轉輪聖王，世人所應供養。」

「有何因緣如來世人所應供養乎？夫如來者，不伏者伏，不降者降，不度者度，未得解脫者令得解脫，未般涅槃者使成涅槃，無救護者與作救護，盲者與作眼目，病者與作救護，最尊第一。魔、若魔天、天及人民，於中最尊福田，可敬可貴，與人作導，令知正路，未知道者與說道教，以此因緣，如來世人所應供養。

「復有何因緣如來弟子漏盡阿羅漢世人所應供養乎？比丘當知：漏盡阿羅漢以度生死源，更不復受有，以得無上法，淫、怒、癡盡，永不得全，是世福田。以此因緣本末，使漏盡阿羅漢，世人所應供養。」

「復以何因緣轉輪聖王世人所應供養？比丘當知：轉輪聖王以法治化，終不殺生，復教他人使不殺生。自不盜竊，亦復教他人使不偷盜，自不淫泆，復教他人不行淫泆；自不妄語，亦復教他人使不妄語；自不兩舌，鬥亂彼此，亦復教他人使不兩舌；自不嫉妒、恚、癡，亦復教他人不習此法；自行正見，復教他人使不邪見。以此因緣，以此本末，使轉輪聖王，世人所應供養。」

爾時，諸比丘聞佛所說，歡喜奉行！

◉一八七

聞如是：

一時，佛在舍衛國祇樹給孤獨園。

爾時，世尊告諸比丘：「有此三痛。云何爲三？所謂樂痛、苦痛、不苦不樂痛。諸比丘當知：彼樂痛者，欲愛使也；彼苦痛者，瞋恚使也；不苦不樂痛者，是癡使也。是故，諸比丘！當學方便，求滅此使。所以然者，當自熾然，當自修行法，得無比法。諸比丘當知：我滅度後，其有比丘念自熾然，修其行法，得無比法，此則是第一聲聞。

「云何，比丘！當自熾然，當自修行，得修行法，獲無比法？於是，比丘！內自觀身，外自觀身，內外自觀身而自遊戲；內觀痛，外觀痛，內外觀痛；內觀意，外觀意，內外觀意；內觀法，外觀法，內外觀法而自遊戲。如是，比丘！當自熾然，修行其法，得無比法。諸比丘行此法者，於聲聞中第一弟子。如是，比丘！當作是學！」

爾時，諸比丘聞佛所說，歡喜奉行！

◉一九二

聞如是：

一時，佛在舍衛國祇樹給孤獨園。

爾時，世尊告諸比丘：「有三法甚可敬愛，世人所貪。云何爲三？所謂少壯，甚可愛敬，世人貪。無病，甚可愛敬，世人所貪。壽命，甚可愛敬，世人所貪。是謂，比丘！有此三法，甚可愛敬，世人所貪。

「復次，比丘！雖有此三法，甚可愛敬，世人所貪。然更有三法，不可愛敬，世人所不貪。云何爲三？雖有少壯，然必當老，不可愛敬，世人所不貪。比丘當知：雖有無病，然必當病，不可愛敬，世人所不貪。比丘當知：雖有壽命，然必當死，不可愛敬，世人所不貪。是故，諸比丘！雖有少壯，當求不老，至涅槃界；雖有無病，當求方便，使不有病；雖有壽命，當求方便，使不命終。如是，諸比丘！當作是學！」

爾時，諸比丘聞佛所說，歡喜奉行！

【增壹阿含經卷第十三】

地主品第二十三

◉一九七

聞如是：

一時，佛在占波國雷聲池側。

是時，尊者二十億耳在一靜處，自修法本，不捨頭陀十二法行，晝夜經行，不離三十七道品之教。若坐、若行，常修正法，初夜、中夜、竟夜，恒自剋勵，不捨斯須。然復不能於欲漏法心得解脫。是時，尊者二十億耳所經行處，腳壞血流，盈滿路側，猶如屠牛之處，烏鵲食血。然復不能於欲漏心得解脫。是時，尊者二十億耳便作是念：釋迦文佛苦行精進弟子中，我爲第一。然我今日漏心不得解脫；又我家業，多財饒寶，宜可捨服，還作白衣，持財物廣惠施。然今作沙門，甚難不易！

爾時，世尊遙知二十億耳心之所念，便騰遊虛空，至彼經行處，敷坐具而坐。是時，尊者二十億耳至佛所，頭面禮足，在一面坐。

爾時，世尊問二十億耳曰：「汝向何故作是念：釋迦文佛精進苦行弟子中，我爲第一。然我今日漏心不得解脫；又我家業，饒財多寶，宜可捨服，還作白衣，持財物廣施。然今作沙門，甚難不易！」

二十億耳對曰：「如是，世尊！」

世尊告曰：「我今還問汝，隨汝報我。云何，二十億耳！汝本在家時，善彈琴乎？」

二十億耳對曰：「如是，世尊！我本在家時，善能彈琴。」

世尊告曰：「云何，二十億耳！若彈絃極急，響不齊等，爾時琴音可聽採不？」

二十億耳對曰：「不也，世尊！」

世尊告曰：「云何，二十億耳！若琴絃復緩，爾時琴音可聽採不？」

二十億耳對曰：「不也，世尊！」

世尊告曰：「云何，二十億耳！若琴絃不急不緩，爾時琴音可聽採不？」

二十億耳對曰：「如是，世尊！若琴絃不緩不急，爾時琴音便可聽採。」

世尊告曰：「此亦如是，極精進者，猶如調戲；若懈怠者，此墮邪見；若能在中者，此則上行。如是不久，當成無漏人。」

爾時，世尊與二十億耳比丘說微妙法已，還雷音池側。

爾時，尊者二十億耳思惟世尊教敕，不捨須臾，在閑靜處修行其法。所以族姓子出家學道，剃除鬚髮，修無上梵行：生死已盡，梵行已立，所作已辦，更不復受有，如實知之。尊者二十億耳便成阿羅漢。

爾時，世尊告諸比丘：「我聲聞中第一弟子精勤苦行，所謂二十億耳比丘是。」

爾時，諸比丘聞佛所說，歡喜奉行！

◉一九八

聞如是：

一時，佛在舍衛國祇樹給孤獨園。

爾時，舍衛城中婆提長者遇病命終，然彼長者無有子息，所有財寶盡沒入官。爾時，王波斯匿塵土坌身來至世尊所，頭面禮足，在一面坐。

是時，世尊問王曰：「大王！何故塵土坌身來至我所？」

波斯匿王白世尊曰：「此舍衛城內有長者名婆提，今日命終，彼無子息，躬往收攝財寶，理使入官。純金八萬斤，況復餘雜物乎！然彼長者存在之日，所食如此之食，極爲弊惡，不食精細，所著衣服垢坌不淨，所乘車騎極爲瘦弱。」

世尊告曰：「如是，大王！如王來言：夫慳貪之人得此財貨，不能食噉。不與父母、妻子、僕從、奴婢，亦復不與朋友、知識，亦復不與沙門、婆羅門、諸尊長者。若有智之士得此財寶，便能惠施廣濟，一切無所愛惜，供給沙門、婆羅門、諸高德者。」

時，王波斯匿說曰：「此婆提長者命終為生何處？」

世尊告曰：「此婆提長者命終生涕哭大地獄中。所以然者，此斷善根之人，身壞命終，生涕哭地獄中。」

波斯匿王曰：「婆提長者斷善根耶？」

世尊告曰：「如是，大王！如王所說，彼長者斷於善根，然彼長者故福已盡，更不造新。」

王波斯匿曰：「彼長者頗有遺餘福乎？」

世尊告曰：「無也，大王！乃無毫釐之餘有存在者，如彼田家公，但收不種，後便窮困，漸以命終。所以然者，但食故業，更不造新。此長者亦復如是，但食故福，更不造新福，此長者今夜當在涕哭地獄中。」

爾時，波斯匿王便懷恐怖，抆淚而曰：「此長者昔日作何功德福業生在富家？復作何不善根本，不得食此極富之貨，不樂五樂之中？」

爾時，世尊告波斯匿王曰：「過去久遠迦葉佛時，此長者在此舍衞城中爲田家子。爾時，佛去世後，有辟支佛出世，往詣此長者家。爾時，此長者見辟支佛在門外，見已，便生是念：如此尊者出世甚難，我今可以飲食往施此人。爾時，長者便施彼辟支佛食，辟支佛得食已，便飛在虛空而去。時，彼長者見辟支佛作神足，作是誓願：『持此善本之願，使世世所生之處，不墮三惡趣，常多財寶。』後有悔心：我向所有食，應與奴僕，不與此禿頭道人使食。爾時，田家長者豈異人乎？莫作是觀。所以然者，爾時田家長者，今此婆提長者是。

「是時施已，發此誓願，持此功德，所生之處不墮惡趣，恒多財饒寶，生富貴之家，無所渴乏。既復施已，後生悔心：我寧與奴僕使食，不與此禿頭道人使食。以此因緣本末，不得食此極有之貨，亦復不樂五樂之中，不自供養；復不與父母、兄弟、妻子、僕從、朋友、知識，不施沙門、婆羅門、諸尊長者，但食故業，不造新者。是故，大王！若有智之士得此財貨，當廣布施，莫有所惜，復當得無極之財。如是，大王！當作是學！」

爾時，波斯匿王白世尊曰：「自今已後，當廣布施沙門、婆羅門四部之衆，諸外道、異學來乞求者，我不堪與。」

世尊告曰：「大王！莫作是念。所以然者，一切衆生皆由食得存，無食便喪。」

爾時，世尊便說此偈：

念當廣惠施，終莫斷施心；
必當值賢聖，度此生死源。

爾時，波斯匿王白世尊曰：「我今倍復歡慶於向如來，所以然者：『一切衆生皆由食得存，無食不存。』」爾時，波斯匿王曰：「自今已後，當廣惠施，無所悋惜。」

是時，世尊與王說微妙之法。

時，王即從座起，頭面禮足，便退而去。

爾時，王波斯匿聞佛所說，歡喜奉行！

高幢品第二十四之一

【增壹阿含經卷第十四】

◉二〇八

聞如是：

一時，佛在舍衛國祇樹給孤獨園。

爾時，有一比丘至世尊所，頭面禮足，在一面坐。爾時，彼比丘白世尊曰：「頗有此色，恆在不變易耶？久在於世，亦不移動？頗有痛、想、行、識，恆在不變易耶？久存於世，亦不移動耶？」

世尊告曰：「比丘！無有此色，恆在不變易，久存於世者。亦復無痛、想、行、識，恆在不變易，久存於世者。若復，比丘！當有此色，恆在不變易，久存於世者，則梵行之人，不可分別。若痛、想、行、識，久存於世，不變易者，梵行之人，不可分別。是故，比丘！以色不可分別，不久存於世故。是故，梵行之人乃能分別盡於苦本，亦無痛、想、行、識，不久存於世。是故，梵行乃可分別盡於苦本。」

爾時，世尊取少許土，著爪上，語彼比丘曰：「云何，比丘！見此爪上土不？」

比丘對曰：「唯然，見已，世尊！」

佛告比丘：「設當有爾許色恆在於世者，則梵行之人不可分別得盡苦際。以是，比丘！以無爾許色在，便得行梵行，得盡苦本。所以然者，比丘當知：我昔曾爲大王，領四天下，以法治化，統領人民，七寶具足。所謂七寶者：輪寶、象寶、馬寶、珠寶、玉女寶、居士寶、典兵寶。」

「比丘當知：我於爾時，作此轉輪聖王，領四天下，有八萬四千神象，象名菩呼。復有八萬四千羽寶之車，或用師子皮覆，或用狼狗皮覆者，盡懸幢高蓋。復有八萬四千高廣之臺，猶如天帝所居之處。復有八萬四千講堂，如法講堂之比。復有八萬四千玉女之衆，像如天女。復有八萬四千高廣之座，皆用金銀七寶廁間。復有八萬四千衣被服飾，皆是文繡柔軟。復有八萬四千飲食之具，味若干種。

「比丘當知：我爾時，乘一大象，色極白好，口有六牙，金銀校具，身能飛行，亦能隱形，或大、或小，象名菩呼。我爾時，乘一神馬，毛尾朱色，行不身動，金銀校飾，身能飛行，亦能隱形，或大、或小，馬名毛王。

「我於爾時，八萬四千高廣之臺，住一臺中，臺名須尼摩，純金所作。爾時，我在一講堂中止宿，講堂名法説，純金所造。我於爾時，乘一寶羽之車，車名最勝，純金所造。我於爾時，將一玉女，左右使令亦如姊妹。我於爾時，於八萬四千高廣之座，在一座上，金銀、瓔珞不可稱計。我於爾時，著一妙服，像如天衣。所食之食，味如甘露。當於爾時，我作轉輪聖王，時八萬四千神象朝朝來至，門外多有傷害，不可稱計。我於爾時，便作是念：此八萬四千神象朝朝來至，門外多有傷害，不可稱計，我今意中欲使分爲二分，四萬二千朝朝來賀。

「爾時，比丘！我作是念：昔作何福？復作何德？今得此威力，乃至於是。復作是念：由三事因緣故，使我獲此福祐。云何爲三？所謂惠施、慈仁、自守。比丘當觀：爾時諸行永滅無餘，爾時遊於欲意無有厭足。所謂厭足，於賢聖戒律乃爲厭足。云何，比丘！此色有常耶？無常耶？」

比丘對曰：「無常也，世尊！」

「若復無常，爲變易法，汝可得生此心，此是我許，我是彼所乎？」

對曰：「不也，世尊！」

「痛、想、行、識是常也？是無常耶？」

比丘曰：「無常也，世尊！」

「設使無常，爲變易法，汝可得生此心：此是我許，我是彼所。」

對曰：「不也，世尊！」

「是故，比丘！諸所有色，過去、當來、今現在者，若大、若小，若好、若醜，若遠、若近，此色亦非我所，我亦非彼所，此是智者之所覺也。諸所有痛，過去、當來、今現在，若遠、若近，此痛亦非我所，我亦非彼所，如是智者之所覺知。比丘當作是觀：若聲聞之人，厭患於眼，厭患於色，厭患眼識，若緣眼生苦樂，亦復厭患。亦厭患於耳，厭於聲，厭於耳識，若依耳識生苦樂者，亦復厭患。鼻、舌、身、意、法亦復厭患。若依意生苦樂者，亦復厭患；已厭患，便解脫；已解脫，便得解脫之智：生死已盡，梵行已立，所作已辦，更不復受有，如實知之。」

爾時，彼比丘得世尊如是之教，在閑靜之處，思惟自修，所以族姓子，剃除鬚髮，著三法衣，離家修無上梵行：生死已盡，梵行已立，所作已辦，更不復受有，如實知之。是彼比丘便成阿羅漢。

爾時，彼比丘聞佛所說，歡喜奉行！

【增壹阿含經卷第十六】

高幢品第二十四之三

◉二一二

聞如是：

一時，佛在拘深城瞿師羅園中。

爾時，拘深比丘恆好鬥訟，犯諸惡行，面相談說，或時刀杖相加。爾時，世尊清旦往詣彼比丘所。到已，世尊告彼比丘：「汝等比丘！慎莫鬥訟，莫相是非。諸比丘！當共和合，共一師侶，同一水乳，何爲鬥訟？」

爾時，拘深比丘白世尊曰：「唯願世尊勿憂此事！我當自慮此理；如此過狀，自識其罪。」

世尊告曰：「汝等云何？爲王種作道，爲畏恐故作道，爲以世險故作道耶？」

諸比丘對曰：「非也，世尊！」

世尊告曰：「云何，比丘！汝等豈非欲離生死，求無爲道故作道乎？然五陰之身實不可保。」

諸比丘對曰：「如是，世尊！如世尊教。我等族姓子所以出家學道者，以求無爲道，滅五陰身，是以學道。」

世尊告曰：「諸比丘！不應作道而鬥諍，手拳相加，面相是非，惡聲相向。汝等當應成就此行：共同一法，共一師受，亦當行此六種之法，亦當行此身、口、意行，亦當行此供養諸梵行者。」

諸比丘對曰：「此是我等事，世尊勿足慮此事！」

爾時，世尊告拘深比丘：「云何，愚人！汝等不信如來語乎？方語如來勿慮此事，然汝等自當受此邪見之報。」

爾時，世尊重告彼比丘曰：「過去久遠，此舍衛城中有王名曰長壽王，聰明黠慧，無事不知。然善明刀劍之法，又乏寶物，諸藏無充，財貨減少，四部之兵，亦復不多，臣佐之屬，亦復減少。當於爾時，波羅㮈國有王名梵摩達，勇猛剛健，靡不降伏，錢財、七寶，悉皆滿藏，四部之兵，亦復不乏，臣佐具足。」

「爾時，梵摩達王便作是念：此長壽王無有臣佐，又乏財貨，無有珍寶，我今可往攻伐其國。爾時，梵摩達王即便興兵，往伐其國。

「爾時，長壽王聞興兵攻伐其國，即設方計。我今雖無七寶之財，臣佐之屬，四部之兵；彼王雖復多諸兵衆，如我今日一夫之力，足能壞彼百千之衆，殺害衆生，不可稱計，不可以一世之榮，作永世之罪。我今可出此城，更在他國，使無鬥諍。

「爾時，長壽王不語臣佐，將第一夫人，及將一人，出舍衛城，入深山中。是時，舍衛城中臣佐、人民，以不見長壽王，便遣信使，往詣梵摩達王所，而作是説：『唯願大王來至此土，今長壽王莫知所在。』是時，梵摩達王來至迦尸國中，而自治化。

「然長壽王有二夫人，皆懷妊，臨欲在產。是時，夫人自夢在都市中生，又日初出，四部之兵，手執五尺刀，各共圍遶，而獨自產無有佐者。見已，便自驚覺，以此因緣白長壽王，王告夫人曰：『我今在此深山之中，何緣乃當在舍衛城內，在都市中產乎？汝今欲生者，當如鹿生。』是時，夫人曰：『設我不得如此產者，正爾取死。』是時，長壽王聞此語已，即於其夜，更改衣服，不將人衆，入舍衛城。

「時，長壽王有一大臣，名曰善華，甚相愛念。有小事緣出城，而見長壽王入城。時，彼善華大臣熟視王已，便捨而去，嘆息墮淚，復道而行。時，長壽王便逐彼大臣，將在屏處而語言：『慎莫出口。』大臣對曰：『如大王教，不審明王有何教敕？』長壽王曰：『憶我舊恩，便有反復。』時臣對曰：『大王有教令，我當辦之。』長壽王曰：『我夫人者，昨夜夢在都市中產，又有四部之兵而見圍遶，生一男兒，極自端正。若不如夢產者，七日之中，當取命終。』大臣報曰：『我今堪辦此事，如王來敕。』作此語已，各捨而去。

「是時，大臣便往至梵摩達王所。到已，而作是說：『七日之中，意欲觀看大王軍衆：象兵、馬兵、車兵、步兵，竟爲多少。』是時，梵摩達敕左右曰：『時催上兵衆，如善華語。』是時，善華大臣七日之中即集兵衆，在舍衞都市中。是時，彼夫人七日之中，來在都市中。時，善華大臣遙見夫人來，便作是說：『善來，賢女！今正是時。』

「爾時，夫人見四部兵衆已，便懷歡喜，敕左右人，施張大幔。時，夫人日初出時，便生男兒，端正無雙，世之希有。時，夫人抱兒還詣山中。時，長壽王遙見夫人抱兒而來，便作是語：『使兒老壽，受命無極。』夫人白王：『願王當與立字！』時，王即以立字名曰：『長生。』

「時，長生太子年向八歲。父王長壽有小因緣入舍衞城。爾時，長壽王昔臣劫比，見王入城，從頭至足而熟觀視。見已，便往至梵摩達王所。到已，而作是說：『大王！極爲放逸，長壽王者今在此城。』時，王瞋恚，敕左右人催收捕長壽王。

「是時，左右大臣將此劫比，東西求索。時，劫比遙見長壽王，便目示語大臣曰：『此是長壽王。』即前收捕，至梵摩達王所。到已，白言：『大王！長壽王者此人身。』是國中人民，悉皆聞知捉得長壽王身。

「時，夫人亦復聞長壽王爲梵摩達所捉得。聞已，便作是念：我今復用活爲？寧共大王一時同命。是時，夫人即將太子入舍衛城。夫人語太子曰：『汝今更求活處。』時，長生太子聞已，默然不語。時，夫人徑往至梵摩達王所。王遙見來，歡喜踊躍，不能自勝，即敕大臣：『將此夫人及長壽王，至四衢道頭，分作四分。』時，諸大臣受王教令，將長壽王及夫人身，皆取返縛，遶舍衛城，使萬民見。爾時，人民之類，莫不痛心！

「時，長生太子在大衆中，見將父母詣市取殺，顏色不變。時，長壽王還顧告長生曰：『汝莫見長，亦莫見短。』爾時，便說此偈：

怨怨不休息，自古有此法；

無怨能勝怨，此法終不朽。

「是時，諸臣自相謂曰：『此長壽王極爲愚惑，長生太子竟是何人，在我等前而說此偈？』時，長壽王告諸臣曰：『我不愚惑，但其中智者乃明吾語耳！諸賢當知：以我一夫之力，足能壞此百萬之衆。然我復作是念：此衆生類死者難數，不可以我一身之故，歷世受罪。怨怨不休息，自古有此法，無怨能勝怨，此法終不朽。』

「時，彼諸臣將長壽王及夫人身，到四衢道頭，分作四分，即而捨去，各還所在。時，長生太子向暮收拾薪草，耶維父母而去。

「爾時，梵摩達王在高樓上，遙見有小兒耶維長壽王及夫人身，見已，敕左右曰：『此必是長壽王親里，汝催收捉來。』時，諸臣民即往詣彼，未到之頃，兒已走去。

「時，長生太子便作是念：此梵摩達王殺我父母，又住我國中，我今當報父母之怨。是時，長生太子便往至彈琴師所。到已，便作是說：『我今欲學彈琴。』時琴師問曰：『今汝姓誰？父母為所在？』小兒對曰：『我無父母，我本住此舍衛城中，父母早死。』琴報曰：『欲學者便學之。』

「比丘當知：爾時，長生太子便學彈琴歌曲。時，長生太子素自聰明，未經數日，便能彈琴歌曲，無事不知。是時，長生太子抱琴詣梵摩達王所，在象廐中，非人之時而獨彈琴，並復清歌。

「爾時，梵摩達王在高樓上，聞彈琴歌曲之聲，便問敕左右人曰：『此何人在象廐中，而獨彈琴歌戲？』臣佐報曰：『此舍衛城中有小兒，而獨彈琴歌戲。』時，王告侍者：『可約敕使此小兒來在此戲，吾欲見之。』時，彼使人喚此小兒，來至王所。是時，梵摩達王問小兒：『汝昨夜在象廐中彈琴乎？』對曰：『如是，大王！』梵摩達曰：『汝今可在吾側，彈琴歌舞，我當供給衣被、飯食。』

「比丘當知：爾時，長生太子在梵摩達前，彈琴歌舞，極為精妙。時，梵摩達王聞此琴音，極懷歡喜，便告長生太子：『當與吾守藏珍寶。』時，長生太子受王教敕，未曾有失，恆隨王意，先笑後語，恆認王意。爾時，梵摩達王復告敕曰：『善哉！善哉！汝今作人極為聰明，今復敕汝宮內可否？汝悉知之。』是時，長生太子在內宮中，以此琴音教諸妓女，亦復教乘象、馬技術，無事不知。

「是時，梵摩達意欲出遊園館，共相娛樂，即敕長生，催駕寶羽之車。時，長生太子即受王教。令尋駕寶羽之車，被象金銀鞍勒，還來白王：『嚴駕已辦，王知是時。』梵摩達王乘寶羽之車，使長生御之，及將四部兵衆。

「時，長生太子御車引導，恆離大衆。時，摩達王問長生太子曰：『今日軍衆，悉為所在？』長生對曰：『臣亦不知軍衆所在？』時王告曰：『可小停住，吾體疲極，欲小止息。』時，長生太子即自停住，使王憩息。

「比丘當知：爾時，梵摩達王即枕太子長生膝上睡眠。時，長生太子以見王眠，便作是念：此王於我極是大怨，又取我父母殺之，加住我國界，今不報怨者，何時當報怨？我今正爾斷其命根！時，長生太子右手自拔劍，左手捉王髮，然復作是念：我父臨欲命終時，而告我言：『長生當知：亦莫見長，亦莫見短。』加說此偈：

怨怨不休息，自古有此法；
無怨能勝怨，此法終不朽。

「我今捨此怨，即還內劍。如是再三，復作是念：此王於我極是大怨，又取我父母殺之，加住我國界，今不報怨者，何日當剋？我今正爾斷其命根，乃名爲報怨。是時，復作憶念：汝長生！亦莫見長，亦莫見短，父王有是教敕：『怨怨不休息，自古有此法；無怨能勝怨，此法終不朽。』我今可捨此怨，即還內劍。

「是時，王梵摩達夢見長壽王兒長生太子，欲取我殺，即便恐懼，尋時得覺。時，長生太子曰：『大王！何故驚起，乃至於斯？』梵摩達曰：『向者睡眠，夢見長壽王兒長生太子拔劍欲取吾殺，是故驚耳！』

「是時，長生太子便作念：今此王已知我是長生太子，即右手拔劍，左手捉髮，而語王曰：『我今正是長壽王兒長生太子。然王是我大怨，又取我父母殺之，加住我國界，今不報怨，何日當剋？』時，梵摩達王即向長生而作是說：『我今命在汝手，願垂原捨，得全生命！』長生報曰：『我可活王，然王不全我命。』，王報長生：『唯願垂濟，吾終不取汝殺！』

「是時，長生太子與王共作言誓：『俱共相濟命者，終不相害。』比丘當知：爾時，長生太子即活王命。是時，梵摩達王語長生太子言：『願太子還與我嚴駕寶羽之車，還詣國界。』是時，太子即嚴駕寶羽之車，二人共乘，徑來至舍衛城。

「時，王梵摩達即集羣臣而作是說：『設卿等見長壽王兒，欲取何爲？』其中或有大臣而作是說：『當斷手足。』或有言：『當分身三段。』或有言：『當取殺之。』是時，長生太子在王側坐，正身正意，思惟來言。時，梵摩達王躬自手捉長生太子，語諸人言：『此是長壽王兒長生太子，此人身是。卿等勿得復有語，敢有所說。所以然者，長生太子見活吾命，吾亦活此人命。』時，諸羣臣聞此語已，歎未曾有：『此王、太子甚奇！甚特！乃能於怨而不報怨。』

「時，梵摩達王問長生曰：『汝應取我殺，何故見放，復不殺之，將有何因緣？今願聞之。』長生對曰：『大王！善聽！父王臨欲命終之時，而作是說：汝今亦莫見長，亦莫見短。又作是語：怨怨不休息，自古有此法；無怨能勝怨，此法終不朽。是時，羣臣聞父王此語，皆相謂言：此王狂惑，多有所說，長生者竟是何人？長壽王對曰：卿等當知：其中有智之人，乃明此語耳！憶父王此語已，是故全王命根耳！』梵摩達王聞此語已，甚奇所作，歎未曾有，乃能守亡父教敕，不有所墮。

「時，梵摩達王語太子曰：『汝今所說之義，吾猶不解，今可與吾說其義，使得意解。』時，長生太子對曰：『大王！善聽！我當說之：梵摩達王取長壽王殺；設復長壽王本所有羣臣極有親者，亦當取王殺之；設復梵摩達王所有臣佐，復當取長壽王臣佐殺之，是謂怨怨終不斷絕。欲使怨斷者，唯有無報人，我今觀此義已，是故不害王也。』是時，摩達王聞此語已，甚懷踊躍，不能自勝。此王太子極爲聰明，乃能廣演其義。

「時，王梵摩達即向懺悔：『是我罪過，而取長壽王殺之。』即自脫天冠與長生使著。復加嫁女，還付舍衛國土、人民，尋付長生使領。王還波羅㮈治。

「比丘當知：然古昔諸王有此常法；雖有此諍國之法，猶相堪忍，不相傷害。況汝等比丘，以信堅固，出家學道，捨貪欲、瞋恚、愚癡心，今復諍競不相和順，各不相忍而不懺改。諸比丘！當以此因緣，知鬥非其宜然。同一師侶，共一水乳，勿共鬥訟。」

爾時，世尊便說此偈：

無鬥無有諍，慈心愍一切；
無恚於一切，諸佛所歎譽。

「是故，諸比丘！當修行忍辱。如是，諸比丘！當作是學！」

是時，拘深比丘白世尊曰：「唯願世尊，勿慮此事！我等自當分明此法。世尊！雖有此語，其事不然。」是時，世尊便捨而去，詣跋耆國。

爾時，跋耆國中有三族姓子：阿那律、難提、金毗羅。然彼族姓子，共作制限：其有出乞食者，後住者便掃灑地使淨，事事不乏。其得食來者分與使食，足者則善，不足者隨意所如。有遺餘者，瀉著器中，便捨而去。若復最後乞食來者，足者則善，不足者便取器中食而自著鉢中。爾時，便取水瓶，更著水安置一處，即當一日掃除房舍。復更在閑靜之處，正身正意，繫念在前，思惟妙法。然復彼人終不共語，各自寂然。

爾時，尊者阿那律思惟欲不淨想，念悕喜安而遊初禪。是時，難提、金毗羅知阿那律心中所念，亦復思惟欲不淨想，念悕喜安而遊初禪。若復尊者阿那律思惟二禪、三禪、四禪，爾時尊者難提、金毗羅亦復思惟二禪、三禪、四禪。若復尊者阿那律思惟空處、識處、不用處、有想無想處，是時尊者難提、金毗羅亦復思惟空處、識處、不用處、有想無想處。若復尊者阿那律思惟滅盡定，爾時尊者難提、金毗羅亦復思惟滅盡定。如此諸法，諸賢思惟此法。

爾時，世尊往師子國中。爾時，守國人遙見世尊來，便作是說：「沙門勿來入國中。所以然者，此國中有三族姓子，名阿那律、難提、金毗羅，慎莫觸嬈！」

是時，尊者阿那律以天眼清淨及天耳通，聞守國人與世尊作如是說，使世尊不得入國。是時，尊者阿那律即出告守門人曰：「勿遮！世尊今來，欲至此看。」

是時，尊者阿那律尋入告金毗羅曰：「速來！世尊今在門外。」

是時，尊者三人即從三昧起，往至世尊所。到已，頭面禮足，在一面住。各自稱言：「善來，世尊！」尊者阿那律前取世尊鉢，尊者難提前敷座，尊者金毗羅取水與世尊洗足。

爾時，世尊告阿那律曰：「汝等三人在此和合，無有他念，乞食如意乎？」

阿那律曰：「如是，世尊！乞食不以爲勞。所以然者，若我思惟初禪時，爾時難提、金毗羅亦復思惟初禪。若我思惟二禪、三禪、四禪、空處、識處、不用處、有想無想處、滅盡三昧，爾時難提、金毗羅亦復思惟二禪、三禪、四禪、空處、識處、不用處、有想無想處、滅盡定。如是，世尊！我等思惟此法。」

世尊告曰：「善哉！善哉！阿那律！汝等頗有是時，更得上人法乎？」

阿那律報曰：「如是，世尊！我等更得上人法。」

世尊告曰：「何者是上人之法？」

阿那律曰：「有此妙法，出上人法上，若復我等以慈心，遍滿一方，二方、三方、四方亦復如是，四維上下亦復如是，一切中一切，以慈心遍滿其中，無數無限，不可稱計，而自遊戲。復以悲心、喜心、護心，遍滿一方，二方、三方、四方亦復如是，四維上下而自遊戲。是謂，世尊！我等更得此上人之法。」

爾時，尊者難提、金毗羅語阿那律曰：「我等何日至汝許問此義乎？今在世尊前而自稱說。」

阿那律曰：「汝等亦未曾至我許而問此義？但諸天來至我所而說此

義。是故，在世尊前而說此義耳！但我長夜之中知諸賢心意，然諸賢得此三昧故，在世尊前說此語耳！」

爾時，說此法時，長壽大將至世尊所，頭面禮足，在一面坐。是時，長壽大將白世尊曰：「今日，世尊與此諸人而說法乎？」

是時，世尊以此因緣具向長壽大將說之。

是時，大將白世尊曰：「跋耆大國快得大利，有此三族姓子而自遊化：阿那律、難提、金毗羅。」

世尊告曰：「如是，大將！如汝所言，跋耆大國快得善利。且捨跋耆大國，摩竭大國快得善利，乃有此三族姓子，若當摩竭大國人民之類，憶此三族姓子，便長夜獲安隱。大將當知：若縣邑城郭有此三族姓子者，彼城郭之中，人民之類，長夜獲安隱。此三族姓子所生之家，亦獲大利，乃能生此上尊之人，彼父母五種親族，若當憶此三人者，亦獲大利。若復天、龍、鬼神憶此三族姓子者，亦獲大利。若有人歎說阿羅漢者，亦當歎說此三人。若有人歎說無貪欲、無愚癡、無瞋恚者，亦當歎說此三人。若有人歎說此福田者，亦當歎說此三人。如我於三阿僧祇劫所行勤苦，成無上道，使此三人成此法義。是故，大將！當於此三族姓子，起歡喜心。如是，大將！當作是學！」

爾時，大將聞世尊所說，歡喜奉行！

【增壹阿含經卷第十七】

四諦品第二十五

◉二一五

聞如是：

一時，佛在舍衛國祇樹給孤獨園。

爾時，世尊告諸比丘：「當修行四諦之法。云何為四？所謂初苦諦，義不可盡，義不可窮，說法無盡。第二者苦集諦，義不可盡，義不可窮，說法無盡。第三者苦盡諦，義不可盡，義不可窮，說法無盡。第四者苦出要諦，義不可盡，義不可窮，說法無盡。」

「彼云何名爲苦諦？所謂苦諦者，生苦、老苦、病苦、死苦、憂悲惱苦、怨憎會苦、恩愛別離苦、所欲不得苦，取要言之，五盛陰苦，是謂名爲苦諦。

「彼云何名爲苦集諦？所謂集諦者，愛與欲相應，心恆染著，是謂名爲苦集諦。

「彼云何名爲苦盡諦？所謂盡諦者，欲愛永盡無餘，不復更造，是謂名爲苦盡諦。

「彼云何名爲苦出要諦？所謂苦出要諦者，謂賢聖八品道，所謂正見、正治、正語、正行、正命、正方便、正念、正三昧，是謂名爲苦出要諦。」

「如是，比丘！有此四諦，實有不虛。世尊之所說，故名爲諦。諸有衆生二足、三足、四足、多足，欲者、色者、無色者，有想、無想者，如來最上。然成此四諦，故名爲四諦。是謂，比丘！有此四諦。然不覺知，長處生死，輪轉五道。我今以得此四諦，從此岸至彼岸，成就此義，斷生死根本，更不復受有，如實知之。」

爾時，世尊便說此偈：

今有四諦法，如實而不知，輪轉生死中，終不有解脫。
如今有四諦，已覺已曉了，已斷生死根，更亦不受有。

「若有四部之衆，不得此諦，不覺不知，便墮五道。是故，諸比丘！當作方便，成此四諦。如是，諸比丘！當作是學！」

爾時，諸比丘聞佛所說，歡喜奉行！

◉二一六

聞如是：

一時，佛在舍衛國祇樹給孤獨園。

爾時，世尊告諸比丘：「有此四法，多饒益人。云何爲四？第一法者當親近善知識，第二者當聞法，第三者當知法，第四者當法法相明。是謂，比丘！有此四法，多饒益人。是故，諸比丘！當求方便，成此四法。如是，諸比丘！當作是學！」

爾時，諸比丘聞佛所說，歡喜奉行！

◉二一八

聞如是：

一時，佛在舍衛國祇樹給孤獨園。

爾時，世尊告諸比丘：「我今當說擔，亦當說持擔人，亦當說擔因緣，亦當說捨擔。汝等比丘！諦聽！諦聽！善思念之，我今當說。」

諸比丘對曰：「如是，世尊！」是時，諸比丘從佛受教。

世尊告曰：「彼云何名爲擔？所謂五盛陰是。云何爲五？所謂色、痛、想、行、識陰，是謂名爲擔。

「彼云何名爲持擔人？所謂持擔人者，人身是也。字某、名某，如是生，食如是食，受如是苦樂，受命長短，是謂名爲持擔人。

「彼云何名爲擔因緣？所謂擔因緣者，愛著因緣是。與欲共俱，心不遠離，是謂名爲擔因緣。

「彼云何名爲當捨離擔？所謂能使彼愛永盡無餘，已除、已吐。是謂，比丘！名捨離擔。

「如是，比丘！我今已說擔，已說擔因緣，已說持擔人，已說捨擔。然諸如來所應行者，我今已辦。若樹下、空處、露坐，常念坐禪，莫行放逸。」

爾時，世尊便說此偈：

當念捨重擔，更莫造新擔；
擔是世間病，捨擔第一樂。
亦當除愛結，及捨非法行；
盡當捨離此，更不復受有。

「是故，諸比丘！當作方便，捨離於擔。如是，諸比丘！當作是學！」

爾時，諸比丘聞佛所說，歡喜奉行！

【增壹阿含經卷第十八】

四意斷品第二十六之一

◉二二五

聞如是：

一時，佛在舍衛國祇樹給孤獨園。

爾時，世尊告諸比丘：「猶如山河、石壁、百草、五穀，皆依於地而得長大。然復此地最尊、最上。此亦如是，諸善三十七道品之法，住不放逸之地，使諸善法而得長大。

無放逸比丘修四意斷，多修四意斷。云何為四？於是，比丘未生弊惡法，求方便令不生，心不遠離，恒欲令滅；已生弊惡法，求方便令不生，心不遠離，恒欲令滅；未生善法，求方便令生；已生善法，求方便令增多，不忘失，具足修行，心意不忘。如是，比丘修四意斷。是故，諸比丘！當求方便，修四意斷。如是，諸比丘！當作是學！」

爾時，諸比丘聞佛所說，歡喜奉行！

◉二二六

聞如是：

一時，佛在舍衛國祇樹給孤獨園。

爾時，世尊告諸比丘：「比丘！當知諸有粟散國王及諸大王皆來附近於轉輪王，轉輪王於彼最尊、最上。此亦如是，諸善三十七道品之法，無放逸之法最為第一。

「無放逸比丘修四意斷。於是，比丘未生弊惡法，求方便令不生，心不遠離，恆欲令滅；已生弊惡法，求方便令不生，心不遠離，恆欲令滅；未生善法，求方便令生；已生善法，重令增多，終不忘失，具足修行，心意不忘。如是，諸比丘修四意斷。如是，諸比丘！當作是學！」

爾時，諸比丘聞佛所說，歡喜奉行！

◉二二七

聞如是：

一時，佛在舍衛國祇樹給孤獨園。

爾時，世尊告諸比丘：「諸有星宿之光，月光最爲第一。此亦如是，諸善功德三十七道品之法，無放逸行最爲第一，最尊、最貴。

「無放逸比丘修四意斷。云何爲四？於是，比丘若未生弊惡法，求方便令不生；若已生弊惡法，求方便令滅；若未生善法，求方便令生；若已生善法，求方便重令增多，終不忘失，具足修行，心意不忘。如是，比丘修四意斷。是故，諸比丘！當求方便，修四意斷。如是，諸比丘！當作是學！」

爾時，諸比丘聞佛所說，歡喜奉行！

◉二二八

聞如是：

一時，佛在舍衛國祇樹給孤獨園。

爾時，世尊告諸比丘：「諸有華之屬，瞻蔔之華、須摩那華，天上、人中，婆師華最爲第一。此亦如是，諸善功德三十七道品之法，無放逸行最爲第一。

「若無放逸比丘修四意斷。云何爲四？於是，比丘若未生弊惡法，求方便令不生；已生弊惡法，求方便令滅；若未生善法，求方便令生；已生善法，求方便令增多，終不忘失，具足修行，心意不忘。如是，比丘修四意斷。是故，諸比丘！當求方便，修四意斷。是故，諸比丘！當作是學！」

爾時，諸比丘聞佛所說，歡喜奉行！

◉二三〇

聞如是：

一時，佛在舍衛國祇樹給孤獨園。

爾時，尊者阿難至世尊所，頭面禮足，在一面住。斯須，復以兩手摩如來足已，復以口嗚如來足上，而作是說：「天尊之體，何故乃爾？身極緩爾，如來之身不如本故。」

世尊告曰：「如是，阿難！如汝所言，今如來身皮肉已緩，今日之體不如本故。所以然者，夫受形體，爲病所逼。若應病衆生，爲病所困；應死衆生，爲死所逼。今日如來，年已衰微，年過八十。」

是時，阿難聞此語已，悲泣哽噎，不能自勝，並作是語：「咄嗟！老至乃至於斯！」

是時，世尊到時，著衣持鉢，入舍衛城乞食。是時，世尊漸漸乞食，至王波斯匿舍。當於爾時，波斯匿門前，有故壞車數十乘，捨在一面。是時，尊者阿難以見車棄在一面，見已，白世尊曰：「此車王波斯匿車，昔日作時極爲精妙，如今日觀之，與瓦石同色。」

世尊告曰：「如是，阿難！如汝所言，如今觀所有車，昔日之時極爲精妙，金銀所造，今日壞敗，不可復用。如是外物尚壞敗，況復內者？」

爾時，世尊便說此偈：

咄！此老病死，壞人極盛色；
初時甚悅意，今爲死使逼。
雖當壽百歲，皆當歸於死；
無免此患苦，盡當歸此道。
如內身所有，爲死之所驅；
外諸四大者，悉趣於本無。
是故求無死，唯有涅槃耳；

彼無死無生，都無此諸行。

爾時，世尊即就波斯匿王坐。是時，王波斯匿與世尊辦種種飲食。觀世尊食竟，王更取一小座，在如來前坐，白世尊曰：「云何，世尊！諸佛形體皆金剛數，亦當有老、病、死乎？」

世尊告曰：「如是，大王！如大王語，如來亦當有此生、老、病、死。我今亦是人數，父名真淨，母名摩耶，出轉輪聖王種。」

爾時，世尊便說此偈：

諸佛出於人，父名曰真淨；
母名極清妙，豪族刹利種。
死徑爲極困，都不觀尊卑；
諸佛尚不免，況復餘凡俗！

爾時，世尊與波斯匿王而說此偈：

祠祀火為上，詩書頌為尊；
人中王為貴，衆流海為首。
衆星月為上，光明日為先；
八方上下中，世界之所載。
天及世人民，如來最為尊；
其欲求福祿，當供養三佛。

是時，世尊說此偈已，便從座起而去，還祇洹精舍，就座而坐。

爾時，世尊告諸比丘：「有四法，在世間人所愛敬。云何為四？少壯之年，世間人民之所愛敬；無有病痛，人所愛敬；壽命人所愛敬；恩愛集聚，人所愛敬。是謂，比丘！有此四法，世間人民之所愛敬。

「復次，比丘復有四法，世間人民所不愛敬。云何為四？比丘當知：少壯之年，若時老病，世人所不喜；若無病者，後便得病，世人所不喜；

若有得壽命，後便命終，世人所不喜；恩愛得集，後復別離，是世人所不喜。是謂，比丘！有此四法與世迴轉，諸天、世人，乃至轉輪聖王、諸佛世尊，共有此法。是爲，比丘！世間有此四法與世迴轉。

「若不覺此四法時，便流轉生死，周旋五道。云何爲四？賢聖戒、賢聖三昧、賢聖智慧、賢聖解脫。是爲，比丘！有此四法而不覺知者，則受上四法。我今及汝等，以覺知此賢聖四法，斷生死根，不復受有。如今如來形體衰老，當受此衰耗之報。是故，諸比丘！當求此永寂涅槃，不生、不老、不病、不死，恩愛別離，常念無常之變。如是，比丘！當作是念！」

爾時，諸比丘聞佛所說，歡喜奉行！

◉二三一

聞如是：

一時，佛在舍衛國祇樹給孤獨園。

爾時，王波斯匿即敕臣佐，嚴寶羽之車，欲出舍衛城觀地講堂。當於爾時，波斯匿王母命過，年極衰老，垂向百歲。王甚尊敬，念未曾離目。是時，波斯匿王邊有大臣，名不奢蜜，高才蓋世，世人尊重。時，大臣便作是念：此波斯匿王母年向百歲，今日命終；設當聞者，王甚愁憂，不能飲食而得重病。我今當設方便，使王不愁憂，亦使不病。

是時，大臣即嚴駕五百白象，亦嚴駕五百疋馬，復嚴駕五百步兵，復嚴駕五百妓女，復嚴駕五百老母，復嚴駕五百婆羅門，復有五百沙門，復嚴駕五百衣裳，復嚴駕五百珍寶，與亡者作好大棺，彩畫極令使妙，懸繒幡蓋，作倡妓樂，不可稱計，出舍衛城。

是時，波斯匿王還來入城。是時，王波斯匿有少事，是時王遙見亡者，問左右曰：「此是何人，供養乃至於斯？」

時不奢蜜曰：「此舍衛城中有長者母無常，是彼之具。」

時王復告曰：「此諸象馬車乘復用爲？」

大臣報曰：「此五百老母者，用奉上閻羅王，持用贖命。」

時，王便笑而作是說：「此是愚人之法。命也難保，有何可剋？如有人墮摩竭魚口，欲求出者，實復難得。此亦如是，墮閻羅王邊，欲求出，實難可得。」

「此五百妓女亦用贖命。」

王報曰：「此亦難得。」

時大臣曰：「若此妓女不可得者，當用餘者贖之。」

王曰：「此亦難得。」

大臣曰：「若此不可得者，當用五百珍寶贖之。」

王報曰：「此亦難得。」

大臣曰：「此不可得者，用五百衣裳贖之。」

王曰：「此亦難得。」

臣曰：「若此衣裳不可得者，當用此五百梵志咒術，咒術取之。」

王曰：「此亦難得。」

大臣曰：「若此五百梵志不可得者，復當持此沙門高才說法，持用贖之。」

王曰：「此不可得。」

大臣曰：「若說法不可得者，當集兵衆，共大戰鬥而取之。」

時，波斯匿王大笑而曰：「此是愚人之法，以墮摩竭魚口，終不得出。」

時王曰：「汝當知之：頗有生而不死乎？」

時大臣曰：「此實不可得也。」

時大王報曰：「實不可得，諸佛亦作是說，夫生有死，命亦難得。」

是時，不奢蜜跪白王曰：「是故，大王！甚莫愁憂，一切衆生皆歸於死。」

時王問曰：「我何故愁憂？」

時臣白王：「王當知之：大王母者，今日已死！」

是故，波斯匿王聞此語已，八九歎息而語大臣曰：「善哉！如汝所言，乃能知善權方便。」

是時，王波斯匿還入城，辦種種香華，供養亡母。供養亡母已，便還駕乘至世尊所，到已，頭面禮足，在一面坐。

是時，世尊問曰：「大王！何故塵土坌身？」

王白世尊：「天母命終，向送至城外，今來詣世尊所，問其所由。然天母在時，持戒精進，恆修善法。年向百歲，今日已命終，故來至世尊所耳！若當我持象贖命可得者，亦當用象贖之。若當馬贖命可得者，當用馬贖之。若當車乘贖命可得者，便當用車乘贖之。若當金銀珍寶贖命可得者，當用金銀珍寶贖之。若當以奴婢、僕從、城郭、國界，贖命可得者，當以城郭、國界贖之。若以加尸國界人民贖命可得者，當以加尸人民贖之。莫令我天母命終！」

世尊告曰：「是故，大王！甚莫愁憂，一切衆生皆歸於死。一切變易之法，欲令不變易者，終不有此事。大王當知：人身之法猶如雪揣，要當歸壞。亦如土坏，同亦歸壞不可久保。亦如野馬幻化，虛僞不真。亦如空拳，以誑小兒。是故，大王！莫懷愁憂，恃怙此身。大王當知：有此四大恐怖，來至此身，不可障護，亦不可以言語、咒術、藥草、符書，所可除去。

「云何為四？一者名為老，壞敗少壯，使無顏色。二者名為病盡，壞敗無病。三者名為死盡，壞敗命根。四者有常之物歸於無常。是謂，大王！有此四法不可障護，非力所能伏也。大王當知：猶如四方有四大山，從四方來，使壓衆生，非力所卻。是故，大王！非牢固物，不可恃怙。是故，大王！當以法治化，莫以非法。王亦不久，當至生死之海。王亦當知：諸以法治化者，身壞命終，生善處天上；若復以非法治化者，身壞命終，生地獄中。是故，大王！當以法治化，莫以非法。如是，大王！當作是學！」

爾時，波斯匿王白世尊曰：「此法名何等？當云何奉行？」

世尊告曰：「此法名為除愁憂之刺。」

王白佛言：「實爾，世尊！所以然者，我聞此法已，所有愁憂之刺，今日已除。然，世尊！國界事猥，欲還所在。」

去。

世尊告曰：「宜知是時。」波斯匿王即從座起，頭面禮足，便退而

爾時，波斯匿王聞佛所說，歡喜奉行！

聲聞品第二十八

【增壹阿含經卷第二十】

◉二四五

聞如是：

一時，佛在羅閱城迦蘭陀竹園所，與大比丘衆五百人俱。

是時，四大聲聞集在一處，而作是說：「我等共觀此羅閱城中，誰有不供奉佛、法、衆作功德者，由來無信者，當勸令信如來、法、僧，尊者大目犍連、尊者迦葉、尊者阿那律、尊者賓頭盧。

「爾時，有長者名跋提，饒財多寶，不可稱計：金、銀、珍寶、硨磲、瑪瑙、真珠、琥珀、象馬、車乘、奴婢、僕從，皆悉備具。又復慳貪不肯布施，於佛、法、衆無有毫釐之善，無有篤信，故福已盡，更不造新，恆懷邪見：無施、無福、亦無受者，亦無今世、後世、善惡之報，亦無父母及得阿羅漢者，亦復無有而取證者。彼長者有七重門，門門有守人，不得使乞者詣門。復以鐵籠絡覆中庭中，恐有飛鳥來至庭中。

「長者有姊名難陀，亦復慳貪不肯惠施，不種功德之本，故者已滅，更不造新，亦懷邪見：無施、無福、亦無受者，亦無今世、後世、善惡之報，亦無父母、得阿羅漢，亦復無有而取證者，難陀門戶亦有七重，亦有守門人，不令有來乞者，亦復以鐵籠覆上，不使飛鳥來入家中。我等今日可使難陀母篤信佛、法、衆。」

爾時，跋提長者清旦食餅。是時，尊者阿那律到時，著衣持鉢，便從長者舍地中踊出，舒鉢向長者。是時，長者極懷愁憂，即授少許餅與阿那律。是時，阿那律得餅已，還詣所在。

是時，長者便興瞋恚。語守門人言：「我有教敕，無令有人入門內，何故使人來入？」

時，守門者報曰：「門閤牢固，不知此道士爲從何來？」

爾時，長者默然不言。

時，長者已食餅竟，次食魚肉。尊者大迦葉著衣持鉢，詣長者家，從地中踊出，舒鉢向長者。時，長者甚懷愁憂，授小許魚肉與之。是時，迦葉得肉，便於彼没，還歸所在。

是時，長者倍復瞋恚，語守門者言：「我先有教令，不使人入家中，何故復使二沙門入家乞食？」

時，守門人報曰：「我等不見此沙門爲從何來入？」

長者報曰：「此禿頭沙門善於幻術，狂惑世人，無有正行。」

爾時，長者婦去長者不遠而坐觀之。然此長者婦是質多長者妹，從摩師山中取之。時，婦語長者言：「可自護口，勿作是語，言：『沙門學於幻術。』所以然者，此諸沙門有大威神，所以來至長者家者多所饒益。長者！竟識先前比丘者乎？」

長者報曰：「我不識之。」

時，婦報言：「長者！頗聞迦毗羅衛國斛淨王子名阿那律，當生之時，此地六變震動，遶舍一由旬內，伏藏自出？」

長者報言：「我聞有阿那律，然不見之耳！」

時，婦語長者言：「此豪族之子，捨居家已，出家學道，修於梵行，得阿羅漢道，天眼第一，無有出者。然如來亦說：『我弟子中天眼第一，所謂阿那律比丘是。』次第二比丘來入乞者，爲識不乎？」

長者報言：「我不識之。」

其婦語言：「長者！頗聞此羅閱城内大梵志名迦毗羅，饒財多寶，不可稱計，有九百九十九頭耕牛田作？」

長者報言：「我躬自見此梵志身。」

其婦報言：「長者！頗聞彼梵志息，名曰比波羅耶檀那，身作金色，婦名婆陀，女中殊勝者，設舉紫磨金在前猶黑比白？」

長者報言：「我聞此梵志有子，名曰比波羅耶檀那，然復不見。」

其婦報言：「向者，後來比丘即是。其身捨此玉女之寶，出家學道，今得阿羅漢，恒行頭陀，諸有頭陀之行具足法者，無有出尊迦葉上也。世尊亦說：『我弟子中第一比丘頭陀行者，所謂大迦葉是。』今長者快得善利，乃使賢聖之人來至此間乞食。我觀此義已，故作是言：『善自護口，莫誹謗賢聖之人，言作幻化。』此釋迦弟子皆有神德，當說此語。」

時，尊者大目犍連著衣持鉢，飛騰虛空，詣長者家，破此鐵籠，落在虛空中，結跏趺坐。

是時，跋提長者見目犍連在虛空中坐，便懷恐怖，而作是說：「汝是天耶？」

目連報言：「我非天也。」

長者問言：「汝是乾沓和耶？」

目連報言：「我非乾沓和。」

長者問言：「汝是鬼耶？」

目連報言：「我非鬼也。」

長者問言：「汝是羅剎噉人鬼耶？」

目連報言：「我亦非羅剎噉人鬼也。」

是時，跋提長者便說此偈：

爲天乾沓和，羅剎鬼神耶？又言非是天，羅剎鬼神者，
不似乾沓和，方域所遊行，汝今名何等？我今欲得知。

爾時，目連復以偈報曰：

非天乾沓和，非鬼羅剎種；三世得解脫，今我是人身。
所可降伏魔，成於無上道；師名釋迦文，我名大目連。

是時，跋提長者與目連言：「比丘何所教敕？」

目連報言：「我今欲與汝說法，善思念之。」

時，長者復作是念：此諸道士長夜著於飲食。然今欲論者，正當論飲

食耳？若當從我索食者，我當言無也。然復作是念：我今少多聽此人所說。爾時，目連知長者心中所念，便說此偈：

如來說二施：法施及財施；今當說法施，專心一意聽。

是時，長者聞當說法施，便懷歡喜，語目連言：「願時演說，聞當知之。」

目連報言：「長者當知：如來說五事大施，盡形壽當念修行。」

是時，長者復作是念：目連向者欲說法施行，今復言有五大施。是時，目連知長者心中所念，復告長者言：「如來說有二大施，所謂法施、財施。我今當說法施，不說財施。」

長者報言：「何者是五大施？」

目連報言：「一者，不得殺生，此名為大施。長者！當盡形壽修行之。二者不盜，名為大施，當盡形壽修行。不淫、不妄語、不飲酒，當盡形壽而修行之，是謂，長者！有此五大施，當念修行。」

是時，跋提長者聞此語已，極懷歡喜，而作是念：釋迦文佛所說甚妙，今所演說者，乃不用寶物，如我今日不堪殺生，此可得奉行。又我家中饒財多寶，終不偷盜，此亦是我之所行。又我家中有上妙之女，終不淫他，是我之所行。又我不好妄語之人，何況自當妄語，此亦是我之所行。如今日意不念酒，何況自嘗，此亦是我之所行。是時，長者語目連言：「此五施者我能奉行。」

是時，長者心中作是念：我今可飯此目連。長者仰頭語目連言：「可屈神下顧就此而坐。」

是時，目連尋聲下坐。是時，跋提長者躬自辦種種飲食與目連。目連食訖，行淨水，長者作是念：可持一端氎奉上目連。

是時，入藏內而選取白氎，欲取不好者，便得好者，尋復捨之，而更取氎，又故爾好，捨之，復更取之。

是時，目連知長者心中所念，便說此偈：

施與心門諍，此福賢所棄；施時非門時，可時隨心施。

爾時，長者便作是念：今目連知我心中所念，便持白氎奉上目連。

是時，目連即與咒願：

觀察施第一，知有賢聖人；施中最為上，良田生果實。

時，目連咒願已，受此白氎，使長者受福無窮。

是時，長者便在一面坐，目連漸與說法妙論，所謂論者：施論、戒論、生天之論，欲不淨想，出要為樂。諸佛世尊所說之法：苦、集、盡、道。時，目連盡與說之。即於座上得法眼淨，如極淨之衣易染為色。此跋提長者亦復如是，即於座上得法眼淨。以得法見法，無有狐疑，而受五戒，自歸佛、法、聖衆。時，目連以見長者得法眼淨，便說此偈：

如來所說經，根原悉備具；眼淨無瑕穢，無疑無猶豫。

是時，跋提長者白目連曰：「自今已後恆受我請，及四部衆，當供給衣被、飯食、床臥具、病瘦醫藥，無所愛惜。」是時，目連與長者說法已，便從座起而去。

餘大聲聞尊者大迦葉、尊者阿那律，語尊者賓頭盧言：「我等已度跋提長者，汝今可往降彼老母難陀。」

賓頭盧報曰：「此事大佳！」

爾時，老母難陀躬作酥餅。爾時，尊者賓頭盧到時，著衣持鉢，入羅閱城乞食。漸漸至老母難陀舍，從地中踊出，舒手持鉢，從老母難陀乞食。是時，老母見賓頭盧已，極懷瞋恚，並作是惡言：「比丘當知：設汝眼脫者，我終不與汝食也！」

是時，賓頭盧即入三昧，使雙眼脫出。是時，母難陀倍復瞋恚，而作惡言：「正使沙門空中倒懸者，終不與汝食！」

是時，尊者賓頭盧復以三昧力，在空中倒懸。時，母難陀倍復瞋恚，而作惡言：「正使沙門舉身煙出者，我終不與汝食！」

是時，賓頭盧復以三昧力，舉身出煙。是時，老母見已，倍復恚怒，而作是語：「正使沙門舉身燃者，我終不與汝食也！」是時，賓頭盧即以三昧，使身體盡燃。老母見已，復作是語：「正使沙門舉身出水者，我終不與汝食也！」

時，賓頭盧復以三昧力，便舉身皆出水。老母見已，復作是語：「正使沙門在我前死者，我終不與汝食也！」

是時，尊者賓頭盧即入滅盡三昧，無出入息，在老母前死。時，老母以不見出入息，即懷恐怖，衣毛皆豎，而作是語：「此沙門釋種子，多所識知，國王所敬，設聞在我家死者，必遭官事，恐不免濟。」並作是語：「沙門還活者，我當與沙門食。」是時，賓頭盧即從三昧起。

時，母難陀復作是念：此餅極大，當更作小者與之。時，老母取少許麵作餅，餅遂長大。老母見已，復作是念：此餅極大，當更作小者。然餅遂大，當取先前作者持與之。便前取之，然復諸餅皆共相連。時，母難陀語賓頭盧曰：「比丘！須食者便自取，何故相嬈乃爾？」

賓頭盧報曰：「大姊當知：我不須食，但須老母欲有所說耳！」

母難陀報曰：「比丘！何所誡敕？」

賓頭盧曰：「老母當知，爾持此餅往詣世尊所，若世尊有所誡敕者，我等當共奉行。」

老母報曰：「此事甚快。」

是時，老母躬負此餅，從尊者賓頭盧後往至世尊所。到已，頭面禮足，在一面立。

爾時，賓頭盧白世尊曰：「此母難陀是跋提長者姊，慳貪獨食不肯施人。唯願世尊爲說篤信之法，使得開解！」

爾時，世尊告母難陀：「汝今持餅施與如來及與比丘僧。」

是時，母難陀即以奉上如來及餘比丘僧。故有遺餘餅在，母難陀白世尊言：「故有殘餅。」

世尊曰：「更飯佛、比丘僧。」

母難陀受佛教令，復持此餅飯佛及比丘僧。然後復故有餅在。是時，世尊告母難陀：「汝今當持此餅與比丘尼衆、優婆塞、優婆夷衆。」

然故有餅在，世尊告曰：「可持此餅施與諸貧窮者。」

然故有餅在，世尊告曰：「可持此餅棄于淨地，若著極清淨水中。所以然者，我終不見沙門、婆羅門、天及人民能消此餅，除如來、至真、等正覺。」

對曰：「如是，世尊！」是時，母難陀即以此餅，捨著淨水中，即時火焰起。母難陀見已，尋懷恐懼，往至世尊所，頭面禮足，在一面坐。

是時，世尊漸與說法，所謂論者：施論、戒論、升天之論，欲不淨想，漏爲穢污，出家爲要。爾時，世尊以見母難陀心意開解，諸佛世尊常所說法：苦、集、盡、道。爾時，世尊盡與母難陀說之。

是時，老母即於座上得法眼淨，猶如白氎易染爲色。此亦如是，時母難陀諸塵垢盡，得法眼淨。彼以得法、成法無有狐疑，已度猶豫，得無所畏，而承事三尊，受持五戒。爾時，世尊重與說法，使發歡喜。

爾時，難陀白世尊曰：「自今已後，使四部之衆在我家取施，自今已去恆常布施，修諸功德，奉諸賢聖。」即從坐起，頭面禮足，便退而去。

是時，跋提長者及母難陀，有弟名曰優婆迦尼，是阿闍世王少小同好，極相愛念。爾時，優婆迦尼長者經營田作，聞兄跋提及姊難陀受如來法化。聞已，歡喜踊躍，不能自勝。七日之中不復睡眠，亦不飲食。是時，長者辦田作已，還詣羅閱城中道，復作是念：我今先至世尊所，然後到家。爾時，長者往至世尊所，頭面禮足。在一面坐。

爾時，長者白世尊曰：「我兄跋提及姊難陀，受如來法化乎？」

世尊告曰：「如是，長者！今跋提、難陀以見四諦，修諸善法。」

爾時，優婆迦尼長者白世尊曰：「我等居門極獲大利。」

世尊告曰：「如是，長者！如汝所言，汝今父母極獲大利，種後世之福！」

爾時，世尊與長者說微妙之法，長者聞法已，即從坐起，頭面禮足，便退而去，往詣王阿闍世所，在一面坐。

爾時，王問長者曰：「汝兄及姊受如來化耶？」

對曰：「如是，大王！」

王聞此語，歡喜踊躍，不能自勝，即擊鍾鳴鼓，告敕城內：「自今已後，無令事佛之家有所貲輸，亦使事佛之人來迎去送。所以然者，此皆是我道法兄弟。」

爾時，王阿闍世出種種飲食持與長者，時長者便作是念：我竟不聞世尊說夫優婆塞之法，爲應食何等食？應飲何等漿？我今先往至世尊所，問此義，然後當食。

爾時，長者告左右一人曰：「汝往至世尊所，到已，頭面禮足，持我聲而白世尊云：『優婆迦尼長者白世尊曰：夫賢者之法當持幾戒？又犯幾戒非清信士？當應食何等食？飲何等漿？』」

爾時，彼人受長者教往至世尊所，頭面禮足，在一面立。爾時，彼人持長者名，白世尊曰：「夫清信士之法應持幾戒？犯幾戒非優婆塞？又應食何等食？飲何等漿？」

世尊告曰：「汝今當知食有二種，有可親近，有不可親近。云何爲二？若親近食時，起不善法，善法有損，此食不可親近；若得食時，善法增益，不善法損，此食可親近。漿亦有二事，若得漿時，起不善法，善法有損，此不可親近；若得漿時，不善法損，善法有益，此可親近。夫清信士之法，限戒有五，其中能持一戒、二戒、三戒、四戒乃至五戒，皆當持之。當再三問能持者使持之；若清信士犯一戒已，身壞命終，生地獄中。若復清信士奉持一戒，生善處天上，何況二、三、四、五？」是時，彼人從佛受教已，頭面禮足，便退而去。

彼人去不遠，是時世尊告諸比丘：「自今已後，聽授優婆塞五戒及三自歸。若比丘欲授清信士、女戒時，教使露臂、叉手合掌，教稱姓名。歸佛、法、衆；再三教稱姓名，歸佛、法、衆；復更自稱：『我今已歸佛，歸法，歸比丘僧。』如釋迦文佛最初五百賈客受三自歸，盡形壽不殺、不盜、不淫、不欺、不飲酒。若持一戒，餘封四戒；若受二戒，餘封三戒；若受三戒，餘封二戒；若受四戒，餘封一戒；若受五戒，當具足持之。」

爾時，諸比丘聞佛所說，歡喜奉行！

◉二四六

聞如是：

一時，佛在舍衞國祇樹給孤獨園。

爾時，世尊告諸比丘：「今日月有四重翳，使不得放光明。何等爲四？一者雲也，二者風塵，三者煙，四者阿須倫，使覆日月不得放光明。是謂，比丘！日月有此四翳，使日月不得放大光明。此亦如是，比丘！有四結覆蔽人心不得開解。云何爲四？一者欲結，覆蔽人心不得開解。二者瞋恚，三者愚癡，四者利養，覆蔽人心不得開解。是謂，比丘！有此四結覆蔽人心不得開解，當求方便，滅此四結。如是，諸比丘！當作是學！」

爾時，諸比丘聞佛所說，歡喜奉行！

增上品第三十一

【增壹阿含經卷第二十三】

◉二六八

聞如是：

一時，佛在羅閱城迦蘭陀竹園所，與大比丘衆五百人俱。

爾時，四梵志皆得五通，修行善法，普集一處，作是論議：「此伺命來時不避豪强，各共隱藏，使伺命不知來處。」

爾時，一梵志飛在空中，欲得免死，然不免其死，即在空中而命終。

第二梵志復入大海水底，欲得免死，即於彼命終。彼第三梵志欲得免死，入須彌山腹中，復於中死。彼第四梵志入地至金剛際，欲得免死，復即彼而命終。

爾時，世尊以天眼觀見四梵志，各各避死，普共命終。爾時，世尊便說此偈：

非空非海中，非入山石間；
無有地方所，脫之不受死。

爾時，世尊告諸比丘：「於是，比丘！有梵志四人集在一處，欲得免死，各歸所奔，故不免死。一人在空，一人入海水，一人入山腹中，一人入地，皆共同死。是故，諸比丘！欲得免死者，當思惟四法本。云何爲四？一切行無常，是謂初法本，當念修行。一切苦行，是謂第二法本，當共思惟。一切法無我，此第三法本，當共思惟。滅盡爲涅槃，是謂第四法本，當共思惟。如是，諸比丘！當共思惟此四法本。所以然者，便脫生、老、病、死、愁、憂、苦、惱，此是苦之元本。是故，諸比丘！當求方便，成此四法。如是，諸比丘！當作是學！」

爾時，諸比丘聞佛所說，歡喜奉行！

◉二七〇

聞如是：

一時，佛在舍衛國祇樹給孤獨園。

爾時，世尊告諸比丘：「猶如四大毒蛇極爲凶暴，舉著一函中。若有人從四方來，欲令活、不求死，欲求樂、不求苦，不愚不闇，心意不亂，無所繫屬。」

「是時，若王、若王大臣喚此人而告之曰：『今有四大毒蛇極爲兇暴，汝今當隨時將養沐浴令淨，隨時飲食無令使乏。今正是時，可往施行。』是時，彼人心懷恐懼，不敢直前，便捨，馳走莫知所湊。復重告彼人作是語：『今使五人皆持刀劍而隨汝後，其有獲汝者，當斷其命，不足稽遲！』

「是時，彼人畏四大毒蛇，復畏五人捉持刀劍者，馳走東西，不知如何？復告彼人曰：『今復使六怨家使隨汝後，其有得者當斷其命；欲所爲者可時辦之。』是時，彼人畏四大毒蛇，復畏五人持刀杖者，復畏六怨家，便馳走東西，彼人若見空墟之中，欲入中藏，若值空舍，若破牆間無堅牢處，若見空器，盡無所有。若復有人與此人親友，欲令免濟，便告之曰：『此間空閑之處多諸賊寇，欲所爲者今可隨意。』

「是時，彼人復畏四大毒蛇，復畏五人持刀杖者，復畏六怨家，復畏空墟村中，便馳走東西。彼人前行，若見大水極深且廣，亦無人民及橋梁可度得至彼岸，然復彼人所立之處多諸惡賊。是時，彼人作是思惟：此水極爲深廣，饒諸賊寇，當云何得度彼岸？我今可集聚材木草蘘作栰，依此栰此岸得至彼岸。是時，彼人便集薪草作栰已，即得至彼岸，志不移動。

「諸比丘當知：我今作喻，當念解之。說此義時，爲有何義？言四毒蛇者，即四大是也。云何爲四大？所謂地種、水種、火種、風種，是謂四大。五人持刀劍者，此是五盛陰也。云何爲五？所謂色陰、痛陰、想陰、行陰、識陰是也。六怨家者，欲愛是也。空村者，內六入是也。云何爲六？所謂六入者：眼入、耳入、鼻入、口入、身入、意入。

「若有智慧者而觀眼時，盡空無所有，亦不牢固；若復觀耳、鼻、口、身、意時，盡空無所有，皆虛、皆寂，亦不牢固。云水者，四流是也。云何爲四？所謂欲流、有流、見流、無明流。大栰者，賢聖八品道是也。云何爲八？正見、正治、正語、正方便、正業、正命、正念、正定，是謂賢聖八品道也。水中求度者，善權方便精進之力也。此岸者，身邪也；彼岸者，滅身邪也。此岸者，阿闍世國界也；彼岸者，毗沙王國界也。此岸者，波旬國界也；彼岸者，如來之境界也。」

是時，諸比丘聞佛所說，歡喜奉行！

◉二七三

聞如是：

一時，佛在舍衛國祇樹給孤獨園。

爾時，世尊告諸比丘：「過去久遠，三十三天釋提桓因將諸玉女，詣難檀槃那園遊。

「是時，有一天人便說此偈：

不見難檀園，則不知有樂；
諸天之所居，無有過是者。

「是時，更有天語彼天言：『汝今無智不能分別正理，憂苦之物，反言是樂；無牢之物，而言是牢；無常之物，反言是常；不堅要之物，復言堅要。所以然者，汝竟不聞如來說偈乎？

一切行無常，生者必有死；
不生必不死，此滅最為樂。

「『彼有此義，又有此偈，云何方言此處最爲樂耶？

「『汝今當知：如來亦說有四流法，若一切衆没在此流者，終不得道。云何爲四？所謂欲流、有流、見流、無明流。

「『云何名爲欲流？所謂五欲是也。云何爲五？所謂若眼見色起眼識想；若耳聞聲起識想；若鼻嗅香起識想；若舌知味起識想；若身知細滑起識想，是謂名爲欲流。

「『云何名爲有流？所謂有者，三有是也。云何爲三？所謂欲有、色有、無色有，是謂名爲有流也。

「『云何名爲見流？所謂見流者：世有常、無常；世有邊見、無邊見；彼身彼命、非身非命；有如來死無如來死，若有如來死若無如來死，亦非有如來死亦非無如來死，是謂名爲見流。

「『彼云何無明流？所謂無明者，無知、無信、無見，心意貪欲恆有希望，及其五蓋：貪欲蓋、瞋恚蓋、睡眠蓋、調戲蓋、疑蓋。若復不知苦、不知集、不知盡、不知道，是謂名爲無明流。天子當知：如來說此四流，若有人没在此者，亦不能得道。』

「是時，彼天聞此語已，猶如力士屈伸臂頃，從三十三天没，來至我所，頭面禮足，在一面立。爾時，彼天而白我言：『善哉！世尊！快說此語！如來乃說四流。若凡夫之人不聞此四流者，則不獲四樂。云何爲四？所謂休息樂、正覺樂、沙門樂、涅槃樂。若凡夫之人不知此四流者，不獲此四樂。』作是語已，我復告曰：『如是，天子！如汝所言，若不覺此四流，則不覺此四樂。』

「我時與彼天人漸漸共論，所謂論者：施論、戒論、生天之論，欲不淨想，漏爲大患，出要爲樂。爾時，天人以發歡喜之心；是時，我便廣演說四流之法，及說四樂。爾時，彼天專心一意，思惟此法已，諸塵垢盡，得法眼淨。我今亦說此四法、四樂，便得四諦之法。如是，諸比丘！當作是學！」

爾時，諸比丘聞佛所說，歡喜奉行！

【增壹阿含經卷第二十四】

善聚品第三十二

◉二七六

聞如是：

一時，佛在舍衛國祇樹給孤獨園。

爾時，世尊告諸比丘：「我今當說善聚，汝等善思念之。」

諸比丘對曰：「如是，世尊！」諸比丘從佛受教。

世尊告曰：「彼云何名爲善聚？所謂五根是也。云何爲五？所謂信根、精進根、念根、定根、慧根，是謂，比丘！有此五根。若有比丘修行五根者，便成須陀洹，得不退轉法，必成至道；轉進其行成斯陀含，而來此世盡其苦際；轉進其道成阿那含，不復來此世，即復取般涅槃；轉進其行，有漏盡，成無漏心解脫、智慧解脫，自身作證而自遊戲：生死已盡，梵行已立，所作已辦，更不復受胎，如實知之。

「言善聚者，即五根是也。所以然者，此最大聚，衆聚中妙。若不行此法者，則不成須陀洹、斯陀含、阿那含、阿羅漢、辟支佛，及如來、至真、等正覺也。若得此五根者，便有四果、三乘之道。言善聚者，此五根爲上。是故，諸比丘！當求方便，行此五根。如是，諸比丘！當作是學！」

爾時，諸比丘聞佛所說，歡喜奉行！

◉二七七

聞如是：

一時，佛在舍衛國祇樹給孤獨園。

爾時，世尊告諸比丘：「我今當說不善之聚，汝等當善思念之。」

諸比丘對曰：「如是，世尊！」爾時，諸比丘從佛受教。

世尊告曰：「彼云何名爲不善聚？所謂五蓋。云何爲五？貪欲蓋、瞋恚蓋、睡眠蓋、調戲蓋、疑蓋，是謂名爲五蓋。欲知不善聚者，此名爲五蓋。所以然者，比丘當知：若有此五蓋，便有畜生、餓鬼、地獄之分，諸不善法皆由此起。是故，諸比丘！當求方便，滅貪欲蓋、瞋恚蓋、睡眠蓋、調戲蓋、疑蓋。如是，諸比丘！當作是學！」

爾時，諸比丘聞佛所說，歡喜奉行！

◉二七八

聞如是：

一時，佛在舍衛國祇樹給孤獨園。

爾時，世尊告諸比丘：「承事禮佛有五事功德。云何爲五？一者端正，二者好聲，三者多財饒寶，四者生長者家，五者身壞命終，生善處天上。所以然者，如來無與等也！如來有信、有戒、有聞、有慧、有善色成就，是故成就五功德。

「復以何因緣禮佛而得端正？以見佛形像已，發歡喜心，以此因緣而得端正。復以何因緣得好音聲？以見如來形像已，三自稱號：南無如來、至真、等正覺，以此因緣得好音聲。復以何因緣多財饒寶？緣彼見如來而作大施，散華、然燈，及餘所施之物，以此因緣獲大財寶。復以何因緣生長者家？若見如來形已，心無染著，右膝著地，長跪叉手，至心禮佛，以此因緣生長者家。復以何因緣，身壞命終，生善處天上？諸佛世尊常法：諸有衆生，以五事因緣禮如來者，便生善處天上。是謂，比丘！有此五因緣禮佛功德。是故，諸比丘！若有善男子，善女人欲禮佛者，當求方便，成此五功德。如是，諸比丘！當作是學！」

爾時，諸比丘聞佛所說，歡喜奉行！

◉二七九

聞如是：

一時，佛在舍衛國祇樹給孤獨園。

爾時，世尊告諸比丘：「猶如屋舍有兩門相對，有人在中住，復有人在上住，觀其下出入行來皆悉知見，我亦如是，以天眼觀眾生之類，生者、終者、善趣、惡趣、善色、惡色、若好、若醜，隨行所種，皆悉知之。

「若復有眾生，身行善，口行善，意行善，不誹謗賢聖，行等見法與等見相應，身壞命終，生善處天上，是謂名眾生行善。若復有眾生，行此善法不造惡行，身壞命終，來生人中。若復有眾生，身、口、意行惡，造不善行，命終之後，生餓鬼中。或復有眾生，身、口、意行惡，誹謗賢聖與邪見相應，命終之後，生畜生中。或復有眾生，身、口、意行惡，造不善行，誹謗賢聖，命終之後，生地獄中。

「是時，獄卒將此罪人示閻羅王，並作是說：『大王當知：此人前世身意行惡，作諸惡行已，生此地獄中。大王！當觀此人以何罪治？』是時，閻羅王漸與彼人私問其罪，告彼人曰：『云何，男子！汝本前世為人身時，不見人有生者得作人身，處胎之時極為困厄，痛實難處，及其長大，將養乳哺，沐浴身體耶？』是時，罪人報曰：『實見，大王！』閻羅王曰：『云何，男子！汝自不知生法之要行耶？身、口、意法修諸善趣。』罪人報曰：『如是，大王！如大王教。但為愚惑，不別善行。』閻羅王曰：『如卿所說，其事不異，亦復知卿不作身、口、意行，但為今日，當究汝放逸罪行。非父母為，亦非國王、大臣之所為也，本自作罪，今自受報。』是時，閻羅王先問其罪，約敕治之。

「次復第二天使問彼人曰：『汝本為人時，不見老人形體極劣，行步苦竭，衣裳垢坌，進止戰掉，氣息呻吟，無復少壯之心。』是時，罪人報曰：『如是，大王！我已見之。』閻羅王報曰：『汝當自知：我今亦有此形老之法，為老所厭，當修其善行。』罪人報曰：『如是，大王！爾時，實不信之。』閻羅王報曰：『我實知之，汝不作身、口、意行，今當治汝罪，使後不犯。汝所作惡，非父母爲，亦非國王、大臣、人民所造，汝今自造其罪，當自受報。』是時，閻羅王以此第二天使約敕已。

「復以第三天使告彼人曰：『汝前身作人時，不見有病人乎？臥在屎尿之上，不能自起居。』罪人報曰：『如是，大王！我實見之。』閻羅王曰：『云何，男子！汝不自知：我亦當有此病，不免此患？』罪人報曰：『實爾，大王！我實不見之。』閻羅王曰：『我亦知之，愚惑不解，我今當處汝罪，使後不犯此之罪行。非父、非母爲，亦非國王、大臣之所造作。』是時，閻羅王以此教敕已。

「復以第四天使告彼人曰：『云何，男子！身如枯木，風去火歇而無情想，五親圍遶而號哭？』罪人報曰：『如是，大王！我已見之。』閻羅王曰：『汝何故不作是念：我亦當不免此死。』罪人報曰：『實爾，大王！我實不覺。』閻羅王曰：『我亦信汝不覺此法，今當治汝使後不犯。此不善之罪，非父、非母爲，亦非國王、大臣、人民所造，使汝本自作，今自受罪。』

「是時，閻羅王復以第五天使告彼人曰：『汝本爲人時，不見有賊穿牆破舍，取他財寶，或以火燒，或道路隱藏。設當爲國王所擒得者，或截手足，或取殺之，或閉著牢獄，或反縛詣市，或使負沙石，或取倒懸，或攢箭射，或以融銅而灌其身，或以火炙，或剝其皮還使食之，或開其腹以草揩之，或以湯中煮之，或以刀斫輪轢其頭，或以象蹹蹈殺，或著標頭乃至於死？』罪人報曰：『我實見之。』閻羅王曰：『汝何故私盜他物？情知有事何爲犯之？』『如是，大王！我實愚惑。』閻羅王曰：『我亦信汝所言，今當治汝罪，使後不犯。此之罪者，非父母爲，亦非國王、大臣、人民所爲，自作其罪，還自受報。』

「是時，閻羅王以問罪已，便敕獄卒：『速將此人往著獄中！』是時，獄卒受王教令，將此罪人往著獄中。地獄左側極爲火然，鐵城、鐵廓，地亦鐵作；有四城門極爲臭處，如似屎尿所見染汙；刀山、劍樹圍遶四面，復以鐵疏籠而覆其上。」

爾時，世尊便說此偈：

四壁四城門，廣長實為牢；
鐵籠之所覆，求出無有期。
彼時鐵地上，火然極為熾；
壁方百由旬，洞然一種色。
中央有四柱，覩之實恐畏；
及其劍樹上，鐵㭰烏所止。
臭處實難居，覩之衣毛竪；
種種之畏器，鬲子有十六。

「比丘當知：是時，獄卒以若干苦痛歿打此人，若彼罪人舉腳著獄中時，血肉斯盡，唯有骨在。是時，獄卒將此罪人，復以利斧斫其形體，苦痛難計，求死不得。要當罪滅之後，爾乃得脫；彼於人間所作罪業，要使除盡，後乃得出。

「是時，彼獄卒將此罪人，緣刀劍樹，或上或下。是時，罪人以在樹上，便爲此鐵嘴烏所食，或啄其頭，取腦食之；或取手腳，打骨取髓。然罪未畢，若罪畢者，然後乃出。

「是時，獄卒取彼罪人使抱熱銅柱坐。前世時，喜淫泆故，故致此罪；爲罪所追，終不得脫。是時，獄卒從腳跟拔筋，乃至項中而前挽之；或使車載，或進、或退不得自在，其中受苦不可稱計。要當使罪滅，然後乃出。

「是時，獄卒取彼罪人，著火山上驅使上下。是時，極爲爛盡，然後乃出。是時，罪人由此因緣求死不得。要當使罪除盡，然後乃出。

「是時，獄卒復取罪人，拔其舌擲著背後，於中受苦不可稱計，求死不得。是時，獄卒復取罪人著刀山上，或斷其腳，或斷其頭，或斷其手。要當使罪滅，然後乃出。

「是時，獄卒復以熱大鐵葉覆罪人身，如生時著衣，當時苦痛毒爲難處，皆由貪欲之故，故致斯罪。是時，獄卒復使罪人，五種作役，驅令偃臥，取其鐵釘釘其手足，復以一釘而釘其心，於中受斯苦痛，實不可言。要當使罪滅，然後乃出。

「是時，獄卒復取罪人，顛倒其身，舉著鑊中。時，身至下皆悉爛盡，若還至上亦復爛盡，若至四邊亦復爛盡，酸楚毒痛不可稱計。現亦爛，不現亦爛，猶如大釜而煮小豆，或上或下，今此罪人亦復如是，現亦爛，不現亦爛，於中受苦不可稱計。要當受罪畢，然後乃出。

「比丘當知：或復有時彼地獄中，經歷數年，東門乃開。是時，罪人復往趣門，門自然閉。是時，彼人皆悉倒地，於中受苦不可具稱。或時，各各自稱怨責：『我由汝等，不得出門。』」

爾時，世尊便說此偈：

愚者常喜悅，亦如光音天；
智者常懷憂，如似獄中囚。

「是時，大地獄中經歷百千萬歲，北門復開。是時，罪人復向北門，門便復閉。要當使罪滅，然後乃出。是時，彼罪人復經數百萬歲，乃復得出，人中所作罪，要當使畢。是時，獄卒復取罪人，以鐵斧斫罪人身，經爾許之罪，使令更之。要當使罪苦畢盡，然後乃出。

「比丘當知：或復有時彼東門復更一開。是時，彼衆生復詣東門，門復自閉而不得出；設復得出，外復有大山，而往趣之，彼入山中，爲兩山所壓，猶如壓麻油，於中受苦不可稱計。要當苦盡，然後乃出。爾時，彼罪人轉得前進，復值熱灰地獄，縱廣數千萬由旬，於中受苦不可稱計。要當畢其罪原，然後乃出。轉復前進，次有刀刺地獄。是時，罪人復入此刀刺地獄中，便有大風起，壞此罪人身體筋骨，於中受苦不可稱計。要當罪滅，然後乃出。

「次復，有大熱灰地獄。是時，罪人復入此大熱灰地獄中，形體融爛，受苦無量。要當使罪滅，然後乃出。是時，罪人雖得出此熱灰地獄，復值刀劍地獄，縱廣數千萬里。是時，罪人入此刀劍地獄中，於中受苦不可稱計。要當使罪滅，然後乃出。

「次復，有沸屎地獄，中有細蟲，入骨徹髓食此罪人，雖得出此地獄，前值獄卒。是時，獄卒問罪人曰：『卿等欲何所至？為從何來？』罪人報曰：『我等不知所從來處，亦復不知當何所至，但我等今日極為飢困，意欲須食。』獄卒報曰：『我等當相供給。』是時，獄卒取罪人仰臥，取大熱鐵丸，使罪人吞之，然罪人受苦不可稱計。是時，熱鐵丸從口下過，腸胃爛盡，受苦難量。要當使罪滅，然後乃出。

「然彼罪人不堪受此苦痛，還復入熱屎地獄、刀劍地獄、大熱灰地獄，還來經爾許地獄。是時，彼眾生不堪受苦，還迴頭至熱屎地獄中。是時，獄卒語彼眾生曰：『卿等欲何所至？為從何來？』罪人報曰：『我等不能自知為從何所來，今復不知當何所至。』獄卒問曰：『今須何物？』罪人報曰：『我等極渴，欲須水飲。』是時，獄卒取罪人仰臥，融銅灌口，使令下過，於中受罪不可具計。要當使罪滅，然後乃出。是時，彼人不堪受此苦，還入沸屎地獄、劍樹地獄、熱灰地獄，還入大地獄中。

「比丘當知：爾時，罪人苦痛，難可稱計。設彼罪人眼見色者，心不愛樂，設復耳聞聲，鼻嗅香，舌知味，身更細滑，意知法，皆起瞋恚。所以然者，由本不作善行之報，恆作惡業，故致斯罪。

「是時，閻羅王敕彼罪人曰：『卿等不得善利，昔在人中受人中福，身、口、意行不與相應，亦不惠施、仁愛、利人、等利，以是之故，今受此苦。此之惡行，非父母爲，亦非國王、大臣之所爲也。諸有衆生身、口、意清淨，無有沾汙，如似光音天；諸有衆生作諸惡行，如似地獄中。卿等身、口、意不淨，故致斯罪。』比丘當知：閻羅王便作是說：『我當何日脫此苦難，於人中生？已得人身，便得出家，剃除鬚髮，著三法衣，出家學道。』閻羅王尚作是念，何況汝等今得人身，得作沙門！是故，諸比丘！常當念行身、口、意行，無令有缺；當滅五結，修行五根。如是，諸比丘！當作是學！」

爾時，諸比丘聞佛所說，歡喜奉行！

【增壹阿含經卷第二十五】

五王品第三十三

◉二九〇

聞如是：

一時，佛在舍衛國祇樹給孤獨園。

爾時，世尊告諸比丘：「五健丈夫堪任戰鬥出現於世。云何為五？於是，有人著鎧持仗，入軍戰鬥，遙見風塵，便懷恐怖，是謂第一戰鬥人也。

「復次，第二戰鬥人，著鎧持仗，欲入軍戰，若見風塵，不懷恐怖；但見高幢，便懷恐怖，不堪前鬥，是謂第二人。

「復次，第三戰鬥人，著鎧持仗，欲入軍戰鬥，彼若見風塵，若見高幢，不懷恐怖；若見弓箭，便懷恐怖，不堪戰鬥，是謂第三人也。

「復次，第四戰鬥人，著鎧持仗，入軍共鬥，彼若見風塵，若見高幢，若見弓箭，不懷恐懼；但入陣時，便爲他所捉，或斷命根，是謂第四戰鬥人也。

「復次，第五戰鬥人，著鎧持仗，欲入陣鬥，彼若見風塵，若見高幢，若見弓箭，若爲他所捉，乃至於死，不懷恐怖；能壞他軍境界內外而領人民，是謂第五戰鬥人也。

「如是，比丘！世間有此五種人。今比丘衆中亦有此五種之人出現於世。云何爲五？或有一比丘遊他村落，彼聞村中有婦人，端正無雙，面如桃華色。彼聞已，到時，著衣持鉢，入村乞食，即見此女人顏貌無雙，便起欲想，除去三衣，還佛禁戒，而作居家。猶如彼鬥人，小見風塵，以懷恐怖，似此比丘也。

「復次，有比丘聞有女人在村落中住，端正無比。到時，著衣持鉢，入村乞食，彼若見女人不起欲想；但與彼女人共相調戲，言語往來；因此調戲，便捨法服，還爲白衣。如彼第二人，見風塵不怖，但見高幢便懷恐怖，此比丘亦復如是。

「復次，有一比丘聞村落中有女人，容貌端正，世之希有，如桃華色。到時，著衣持鉢，入村乞食，若見女人不起欲想；設共女人共相調戲，亦復不起欲意之想；但與彼女人手拳相加，或相捻挃，於中便起欲想，捨三法衣，還爲白衣，習於家業。如彼第三人入陣時，見風塵、見高幢不恐怖，見弓箭便懷恐怖。

「復次，有一比丘聞村落中有女人，面容端正，世之希有。到時，著衣持鉢，入村乞食，彼若見女人不起欲想；設共言語，亦復不起欲想；設彼女人共相捻挃，便起欲想；然不捨法服，習於家業。如彼第四人入軍，爲他所獲，或喪命根，而不得出。

「復次，有一比丘，依村落而住，彼聞村中有女人。然比丘到時，著衣持鉢，入村乞食，彼若見女人不起欲想；設共言笑，亦不起欲想；設復共相捻挃，亦復不起欲想。是時，比丘觀此身中三十六物惡穢不淨，誰著此者？由何起欲？此欲爲止何所？爲從頭耶？形體出耶？觀此諸物了無所有。從頭至足亦復如是，五藏所屬，無有想像，亦無來處，彼觀緣本，不知所從來處。彼復作是念：我觀此欲從因緣生。彼比丘觀此已，欲漏心得解脫，有漏心得解脫，無明漏心得解脫，便得解脫智：生死已盡，梵行已立，所作已辦，更不復受胎，如實知之。如彼第五戰鬥之人，不難衆敵而自遊化，由是故，我今說此人捨於愛欲，入於無畏之處，得至涅槃城。是謂，比丘！有此五種之人，出現於世。」

爾時，世尊便說此偈：

欲我知汝本，意以思想生；
非我思想生，且汝而不有。

「是故，諸比丘！當觀惡穢淫不淨行，除去色欲。如是，諸比丘！當作是學！」

爾時，諸比丘聞佛所說，歡喜奉行！

等見品第三十四

【增壹阿含經卷第二十六】

◉二九八

聞如是：

一時，尊者舍利弗在舍衞城祇樹給孤獨園，與大比丘衆五百人俱。

爾時，衆多比丘到舍利弗所，共相問訊，在一面坐。爾時，衆多比丘白舍利弗言：「戒成就比丘當思惟何等法？」

舍利弗報言：「戒成就比丘當思惟五盛陰無常、爲苦、爲惱、爲多痛畏；亦當思惟苦、空、無我。云何爲五？所謂色陰、痛陰、想陰、行陰、識陰。爾時，戒成就比丘思惟此五盛陰，便成須陀洹道。」

比丘白舍利弗言：「須陀洹比丘當思惟何等法？」

舍利弗報言：「須陀洹比丘亦當思惟此五盛陰爲苦、爲惱、爲多痛畏；亦當思惟苦、空、無我。諸賢當知：若須陀洹比丘思惟此五盛陰時，便成斯陀含果。」

諸比丘問曰：「斯陀含比丘當思惟何等法？」

舍利弗報言：「斯陀含比丘亦當思惟此五盛陰爲苦、爲惱、爲多痛畏；亦當思惟苦、空、無我。爾時，斯陀含比丘當思惟此五盛陰時，便成阿那含果。」

諸比丘問曰：「阿那含比丘當思惟何等法？」

舍利弗報言：「阿那含比丘亦當思惟此五盛陰爲苦、爲惱、爲多痛畏；亦當思惟此五盛陰苦、空、無我。爾時，阿那含比丘當思惟此五盛陰時，便成阿羅漢。」

諸比丘問曰：「阿羅漢比丘當思惟何等法？」

舍利弗報言：「汝等所問何其過乎？羅漢比丘所作以過，更不造行，有漏心得解脫，不向五趣生死之海，更不受有，有所造作。是故，諸賢！持戒比丘、須陀洹、斯陀含、阿那含，當思惟此五盛陰。如是，諸比丘！當作是學！」

爾時，諸比丘聞舍利弗所說，歡喜奉行！

◉三〇五

聞如是：

一時，佛在舍衞國祇樹給孤獨園。

爾時，世尊告諸比丘：「昔者，釋提桓因告三十三天曰：『若諸賢與阿須倫共鬥時，設阿須倫不如，諸天得勝者，汝等捉毗摩質多羅阿須倫，將來至此，身為五繫。』是時，毗摩質多羅阿須倫，復告諸阿須倫曰：『卿等！今日與諸天共鬥，設得勝者，便捉釋提桓因，縛送此間。』比丘當知：爾時，二家共鬥，諸天得勝，阿須倫不如。是時，三十三天躬捉毗摩質多羅阿須倫王，束縛其身，將詣釋提桓因所，著中門外，自觀彼五繫。

「是時，毗摩質多羅阿須倫王便作是念：此諸天法正，阿須倫所行非法。我今不樂阿須倫，便當即住此諸天宮。是時，以生此念言：『諸天法正，阿須倫非法，我欲住此間。』作此念已，是時，毗摩質多羅阿須倫王便自覺知身無縛繫，五欲而自娛樂。設毗摩質多羅阿須倫王生此念已，言：『諸天非法，阿須倫法正，我不用此三十三天，還欲詣阿須倫宮。』是時，阿須倫王身被五繫，五欲娛樂自然消滅。

「比丘當知：纏縛之急，莫過此事，魔之所縛，復甚於斯。設興結使被縛，魔以被縛，動魔被縛，不動魔不被縛。是故，諸比丘！當求方便，使心不被縛，樂閑靜之處。所以然者，此諸結使是魔境界。若有比丘在魔境界者，終不脫生、老、病、死，不脫愁、憂、苦、惱。我今說此苦際，若復比丘心不移動，不著結使，便脫生、老、病、死、愁、憂、苦、惱，我今說此苦際。是故，諸比丘！當作是學，無有結使，越出魔界。如是，比丘！當作是學！」

爾時，諸比丘聞佛所說，歡喜奉行！

【增壹阿含經卷第二十七】

邪聚品第三十五

◉三一

聞如是：

一時，佛在舍衛國祇樹給孤獨園。

爾時，世尊告諸比丘：「女人有五力輕慢夫主。云何爲五？一者色力，二者親族之力，三者田業之力，四者兒力，五者自守力。是謂女人有此五力。比丘當知：女人依此五力已，便輕慢夫主。設復夫主以一力，盡覆蔽彼女人。云何爲一力？所謂富貴力也。夫人以貴色力不如，親族、田業、兒、自守盡不如也。皆由一力，勝爾許力也。

「今弊魔波旬亦有五力。云何爲五？所謂色力、聲力、香力、味力、細滑力。夫愚癡之人著色、聲、香、味、細滑之法者，不能得度波旬境界。若聖弟子成就一力，勝爾許力。云何爲一力？所謂無放逸力。設賢聖弟子成就無放逸者，則不爲色、聲、香、味、細滑之所拘繫。以不爲五欲所繫，則能分別生、老、病、死之法，勝魔五力，不墮魔境界，度諸畏難至無爲之處。」

爾時，世尊便說此偈：

戒爲甘露道，放逸爲死徑；
不貪則不死，失道爲自喪。

佛告諸比丘：「當念修行而不放逸。如是，諸比丘！當作是學！」

爾時，諸比丘聞佛所說，歡喜奉行！

◉三一六

聞如是：

一時，佛在羅閱城迦蘭陀竹園所，與大比丘衆五百人俱。

爾時，阿難、多耆奢時到，著衣持鉢，入城乞食。是時，多耆奢在一巷中見一女人，極爲端正，與世奇特；見已，心意錯亂，不與常同。

是時，多耆奢即以偈向阿難說：

欲火之所燒，心意極熾然；
願說滅此義，多有所饒益。

是時，阿難復以此偈報曰：

知欲顛倒法，心意極熾然；
當除想像念，欲意便自休。

是時，多耆奢復以偈報曰：

心為形之本，眼為候之原；
睡臥見扶接，形如亂草萎。

是時，尊者阿難即前進，以右手摩多耆奢頭。爾時，即說此偈：

念佛無貪欲，度彼欲難陀；
睹天現地獄，制意離五趣。

是時，多耆奢聞尊者阿難語已，便作是說：「止！止！阿難！」俱乞食訖，還至世尊所。

是時，彼女人遙見多耆奢便笑。時，多耆奢遙見女人笑，便生此想念：汝今形體骨立皮纏，亦如畫瓶，內盛不淨，誑惑世人，令發亂想。爾時，尊者多耆奢觀彼女人，從頭至足。此形體中有何可貪？三十六物皆悉不淨。今此諸物為從何生？是時，尊者多耆奢復作是念：我今觀他形，為不如自觀身中。此欲爲從何生？爲從地種生耶？水、火、風種生耶？設從地種生，地種堅强不可沮壞；設從水種生，水種極濡不可獲持；設從火種生，火種不可獲持；設從風種生，風種無形而不可獲持。是時，尊者便作是念：此欲者，但思想生。

爾時，便說此偈：

欲我知汝本，但以思想生；
非我思想汝，則汝而不有。

爾時，尊者多耆奢又說此偈，如思惟不淨之想，即於彼處有漏心得解脫。

時，阿難及多耆奢出羅閱城至世尊所，頭面禮足，在一面坐。是時，多耆奢白世尊言：「我今快得善利以有所覺。」

世尊告曰：「汝今云何自覺？」

多耆奢白佛言：「色者無牢，亦不堅固，不可睹見，幻僞不真；痛者無牢，亦不堅固，亦如水上泡，幻僞不真；想者無牢，亦不堅固，幻僞不真，亦如野馬；行亦無牢，亦不堅固，亦如芭蕉之樹，而無有實；識者無牢，亦不堅固，幻僞不真。」重白佛言：「此五盛陰無牢，亦不堅固，幻僞不真。」

是時，尊者多耆奢便說此偈：

色如聚沫，痛如浮泡，
想如野馬，行如芭蕉，
識爲幻法，最勝所說。
思惟此已，盡觀諸行，
皆悉空寂，無有真正，
皆由此身，善逝所說。
當滅三法，見色不淨，
此身如是，幻僞不真，

此名害法，五陰不牢，

已解不真，今還上跡。

「如是，世尊！我今所覺正謂此耳！」

世尊告曰：「善哉！多耆奢！善能觀察此五盛陰本。汝今當知：夫為行人當觀察此五陰之本，皆不牢固。所以然者，我當觀察此五盛陰時，在道樹下成無上等正覺，亦如卿今日所觀。」

爾時，說此法時，座上六十比丘漏盡意解。爾時，尊者多耆奢聞佛所說，歡喜奉行！

【增壹阿含經卷第二十八】

聽法品第三十六

◉三一八

聞如是：

一時，佛在舍衞國祇樹給孤獨園。

爾時，世尊告諸比丘：「隨時聽法有五功德，隨時承受不失次第。云何爲五？未曾聞者，便得聞之；已得聞者，重諷誦之；見不邪傾；無有狐疑；即解甚深之義。隨時聽法有五功德，是故，諸比丘！當求方便，隨時聽法。如是，諸比丘！當作是學！」

爾時，諸比丘聞佛所說，歡喜奉行！

【增壹阿含經卷第三十】

六重品第三十七之二

◉三三二

聞如是：

一時，佛在毗舍離城外林中，與大比丘衆五百人俱。

爾時，尊者馬師到時，著衣持鉢，入城乞食。是時，薩遮尼犍子遙見馬師來，即往語馬師曰：「汝師說何等義？有何教訓？以何教誡向弟子說法乎？」

馬師報曰：「梵志！色者無常，無常者即是苦，苦者即是無我，無我者即是空也，空者彼不我有，我非彼有。如是者智人之所學也。痛、想、行、識無常，此五盛陰無常，無常者即是苦，苦者即是無我，無我者即是空，空者彼非我有，我非彼有。卿欲知者，我師教誡其義如是，與諸弟子說如是義。」

是時，尼犍子以兩手掩耳，而作是言：「止！止！馬師！我不樂聞此語。設瞿曇沙門有此教者，我實不樂聞。所以然者，如我義者色者是常，沙門義者無常。何日當見沙門瞿曇與共論議？當除沙門瞿曇顛倒之心。」

爾時，毗舍離城五百童子集在一處，欲有所論。是時，尼犍子往至五百童子所，語童子曰：「汝等皆來，共至沙門瞿曇所。所以然者，意欲與彼沙門瞿曇共論，使彼沙門得見正諦之道。沙門所說者色者無常，如我義者色者是常。猶如力士手執長毛之羊，隨意將東西，亦無疑難。我今亦復如是，與彼沙門瞿曇論議，隨我捉捨而無疑難，猶如猛象凶暴而有六牙，在深水中戲，亦無所難。我今亦復如是，與彼論議亦無疑難，猶如兩健丈夫而捉一劣者，在火上炙，隨意轉側，亦無疑難。我今與彼論義亦無疑難。我論議中尚能害象，何況人乎？亦能使象東、西、南、北，豈不如人乎？今此講堂櫟柱無情物，尚能使移轉，何況與人共論能勝？我使彼血從面孔出而命終。」

其中或有童子而作是言：「尼犍子終不能與沙門論議，但恐沙門瞿曇與尼犍子論議耳！」或有作是說：「沙門不與尼犍子論議，尼犍子能與沙門共論議。」是時，尼犍子便作是念：設令沙門瞿曇所說，如馬師比丘者，足得相疇，若更有義者，聞已當知。

是時，尼犍子將五百童子，前後圍繞，往至世尊所，共相問訊，在一面坐。是時，尼犍子白世尊言：「云何，瞿曇！有何教誡？以何教誡訓諸弟子？」

佛告尼犍子：「我之所說，色者無常，無常即是苦，苦者即是無我，無我者即是空，空者彼非我有，我非彼有；痛、想、行、識及五盛陰皆悉無常，無常即是苦，苦者無我，無我者是空，空者彼非我有，我非彼有，我之教誡其義如是。」

尼犍子報曰：「我不樂聞此義。所以然者，如我所解義，色者是常。」

世尊告曰：「汝今且專心意，思惟妙理，然後說之。」

尼犍子報曰：「我今所說色者是常，此五百童子其義亦爾。」

世尊告曰：「汝今所說色者是常，此五百童子其義亦爾。」

世尊告曰：「汝今以己之辯說之，何爲引彼五百人乎？」

尼犍子報曰：「我今說色是常，沙門欲何等言論？」

世尊告曰：「我今說色者無常，亦復無我。權詐合數有此色者，亦無真實，無固、無牢亦如雪摶，是磨滅之法，是變易之法。汝今方說色者是常，我還問汝，隨意報我。云何，尼犍子！轉輪聖王還於己國得自在不乎？又彼大王不應脫者而脫之，不應繫者而繫之，可得爾乎？」

尼犍子報曰：「此聖王有此自在之力，不應殺者能殺之，不應繫者能繫之。」

世尊告曰：「云何，尼犍子！轉輪聖王當復老乎？頭白、面皺、衣裳垢坌？」是時，尼犍子默然不報。世尊再三問之，彼亦再三默然不報。

是時，密跡金剛力士手執金剛之杵，在虛空中而告之曰：「汝今不報論者，於如來前破汝頭作七分！」

爾時，世尊告尼犍子曰：「汝今觀虛空中。」

是時尼犍子仰觀空中，見密跡金剛力士，又聞空中語：「設汝不報如來論者，當破汝頭作七分！」見已驚恐，衣毛皆豎，白世尊言：「唯願瞿曇當見救濟，今更問論當疇對！」

世尊告曰：「云何，尼犍子！轉輪聖王當復老乎？亦當頭白、齒落、皮緩、面皺耶？」

尼犍子報曰：「沙門瞿曇！雖有此語；如我義者，色者是常。」

世尊告曰：「汝善思惟而後報之，前之與後義不相應。但具論聖王當復老乎？亦當頭白、齒落、皮緩、面皺耶？」

尼犍子報曰：「轉輪聖王許使老。」

世尊告：「日轉輪聖王常能於己國得自由，何以故不能卻老、卻病、卻死？我不用老、病、死，我是常之，應欲使然者，其義可乎？」

是時，尼犍子默然不對，愁憂不樂，寂然不語。

是時，尼犍子身體汗出，汗汙衣裳，亦徹坐處，乃至於地。世尊告曰「尼犍子！汝在大衆中而師子吼：『汝等童子共我至瞿曇所，與共論議，當降伏，如捉長毛之羊，隨意東西，而無疑難；亦如大象入深水中，隨意自遊，亦無所畏；亦如兩健丈夫捉一劣者，在火上炙，隨意轉側。』又復汝說：『我常能論害大象，如此樑柱草木斯皆無情，與共論議能使屈伸低仰，亦能使腋下流汗。』」

爾時，世尊舉三法衣，示尼犍子曰：「汝觀如來腋無流汗，然汝今日返更有汗，乃徹乎地。」是時，尼犍子復默然不對。

爾時，有童子名頭摩，集在彼衆中。是時，頭摩童子白世尊言：「我今堪任有所施行，亦欲所說。」

世尊告曰：「隨意說之。」

頭摩童子白佛言：「猶如去村落不遠有好浴池，然彼浴池有蟲饒腳。然村落人民，男女大小往至浴池所，而出此蟲，各各以瓦石取此蟲，打之傷破手腳，彼蟲意欲還入水者，終無此事。此尼揵子亦復如是，初意猛盛，與如來共論，心懷妬意，兼抱憍慢。如來盡以除之，永無有餘。此尼揵子更終不能重至如來所而共論議。」

是時，尼揵子語頭摩童子曰：「汝今愚惑，不別真僞，亦不與汝共論，乃與沙門瞿曇共論。」是時，尼揵子白佛言：「唯問義理，當更說之。」

世尊告曰：「云何，尼揵子！轉輪聖王欲使老、病、死不至，可得爾乎？彼聖大王果此願耶？」

尼揵子報曰：「不果此願也。」

「欲使有此色，欲使無此色，可果乎？」

尼揵子報曰：「不果也，瞿曇！」

世尊告曰：「云何，尼揵子！色者是常，爲是無常？」

尼犍子報曰：「色者無常。」

「設復無常，爲變易法，汝復見此是我，許我是彼有乎？」

對曰：「不也，瞿曇！」

「痛、想、行、識爲是常，爲是非常？」

對曰：「無常。」

世尊告曰：「設復無常，爲變易之法，汝頗見有乎？」

對曰：「無也。」

世尊告曰：「此五盛陰是常、無常也？」

尼犍子報曰：「無常也。」

佛言：「設復無常，爲變易法，汝頗見有乎？」

對曰：「無也。」

「云何，尼犍子！汝言是常，此理不與義相違乎？」

是時，尼犍子白世尊言：「我今愚癡，不別真諦，乃興此懷，與瞿曇共論，言色是常，猶如猛獸師子遙見人來，有恐怖心乎？終無此事！今日如來亦復如是，無有毫氂。我今狂惑，未明深義，乃敢觸嬈，沙門瞿曇所說過多，猶如盲者得眼，聾者徹聽，迷者見路，無目者見色。沙門瞿曇亦復如是，無數方便而為說法。我今自歸沙門瞿曇、法、比丘僧。自今已後盡形壽，聽為優婆塞，不復殺生。唯願瞿曇及比丘僧，當受我請！欲飯佛及比丘僧。」爾時，世尊默然受請。

是時，尼犍子見世尊默然受請，即從座起，繞佛三匝，頭面禮足而去。往詣毗舍離童子所，到已，語童子曰：「汝等所應供養我具，當以時給我，莫以非時。我今請沙門瞿曇及比丘僧，明當飯之。」

是時，諸童子各辦飲食之具，持用與之。是時，尼犍子即以其夜，辦種種甘饌飲食，敷好坐具，而白：「時到，今正是時，唯願屈神！」

是時，世尊到時，著衣持鉢，將諸比丘僧入毗舍離，往至尼犍子家，到已就座，及比丘僧各次第坐。是時，尼犍子已見佛、比丘僧坐定，自手斟酌，行種種飲食，見佛、比丘僧食訖，行清淨水，便取一小座，在如來前坐，欲得聞法。

爾時，世尊漸與說妙論，所謂論者：施論、戒論、生天之論，欲爲穢惡，淫不淨行，出要爲樂。爾時，世尊已見尼揵子心開意解，諸佛世尊常所說法：苦、集、盡、道，盡與彼尼揵子說之。是時，尼揵子即於座上，諸塵垢盡，得法眼淨。

是時，世尊便說此偈：

祠祀火爲上，詩書頌爲首；
人中王爲最，衆流海爲源。
星中月爲明，光明日最勝；
上下及四方，諸地所出物。
天及人民類，佛爲無上尊；
欲求其德者，三佛爲最上。

爾時，世尊說此偈已，即從座起而去。是時，尼揵子五百弟子聞師受佛教化，聞已，各各自相謂言：「我等大師，云何師宗瞿曇？」是時，諸弟子出毗舍離城，在中道立。是時，尼犍子欲至佛所聽法。是時，世尊與尼犍子說法，助令歡喜。尼犍子聞法已，即從座起，頭面禮足，便退而去。

是時，尼犍子弟子遙見師來，各各自相謂言：「此沙門瞿曇弟子今著道來，各各取瓦石而打殺之。」

時，諸童子聞尼犍子爲弟子所殺，往至世尊所，頭面禮足，在一面坐。爾時，諸童子白世尊言：「如來所可教尼犍子者，今爲弟子所殺。今已命終爲生何處？」

世尊告曰：「彼是有德之人，四諦具足，三結使滅，成須陀洹，必盡苦際。今日命終生三十三天，彼見彌勒佛已，當盡苦際。此是其義，當念修行。」

爾時，諸童子白世尊言：「甚奇！甚特！此尼犍子至世尊所，捔論議，還以己論而自縛，來受如來化。夫見如來者終無虛妄，猶如有人入海取寶，必有所剋獲，終不空還。此亦如是，其有衆生至如來所者，要得法寶，終不空還。」

爾時，世尊與諸童子說微妙法，使令歡喜。爾時，諸童子從佛聞法已，即從座起，繞佛三匝，頭面禮足，便退而去。

爾時，諸童子聞佛所說，歡喜奉行！

【增壹阿含經卷第三十二】

力品第三十八之二

◉三四〇

聞如是：

一時，佛在舍衛國祇樹給孤獨園。

爾時，世尊告諸比丘：「汝等專念而自修己。云何當專念？於是，比丘！可行知行，舉動、進止、屈伸、俯仰、著衣法則、睡眠、覺寤、或語、或默，皆悉知時。若復比丘心意專正，彼比丘欲漏未生便不生，已生便滅之；未生有漏使不生，已生令滅之；未生無明漏使不生，已生令滅之。若專念分別六入，終不墮惡道。

「云何六入爲惡道？眼觀此色，若好、若醜，見好則喜，見惡不喜；若耳聞聲，若好、若醜，聞好則喜，聞不好則不喜；鼻、口、身、意，亦復如是。猶如有六種之蟲，性行各異，所行不同。若有人取繩纏縛之，取狗、野狐、獮猴、鱣魚、蚖蛇、飛鳥，皆悉縛之，共繫一處而放之。爾時，六種之蟲各有性行。

「爾時，狗意中欲赴趣村中；野狐意中欲趣赴冢間；鱣魚意中欲趣水中；獮猴意中欲向山林之間；毒蛇意中欲人穴中；飛鳥意中欲飛在空。爾時，六種之蟲各各有性行而不共同。

「設復有人取此六種之蟲，繫著一處，而不得東、西、南、北。是時，六種之蟲雖復動轉，亦不離故處。此內六情亦復如是，各各有所主，其事不同，所觀別異，若好、若醜。

「爾時，比丘繫此六情而著一處。是故，諸比丘！當念專精，意不錯亂，是時弊魔波旬終不得其便，諸善功德皆悉成就。如是，諸比丘！當念具足眼根，便得二果，於現法中得阿那含果，若得阿羅漢果。如是，諸比丘！當作是學！」

爾時，諸比丘聞佛所說，歡喜奉行！

◉三四一

聞如是：

一時，佛在波羅㮈鹿野園中，與大比丘衆五百人俱。

爾時，世尊告諸比丘：「當思惟無常想，廣布無常想。已思惟無常想，廣布無常想，便斷欲愛、色愛、無色愛，盡斷憍慢、無明。何以故？昔者過去久遠世時，有辟支佛名善目，顏貌端正，面如桃華色，視瞻審諦，口作優鉢華香，身作栴檀香。」

「是時，善目辟支佛到時，著衣持鉢，入波羅㮈城乞食。漸漸至大長者家，在門外默然而立。是時，長者女遙見有道士在門外立，端正無雙，顏貌殊特，世之希有，口作優鉢華香，體作栴檀香。便起欲心，向彼比丘所，便作是說：『汝今端正，面如桃華色，世之希有！我今雖處女人，亦復端正，可共合會。然我家中饒多珍寶，資財無量；然作沙門，甚為不易。』

「是時，辟支佛問曰：『大妹！今為染著何處？』

「長者女報曰：『我今正著眼色，又復口中作優鉢華香，身作栴檀香。』

「是時，辟支佛舒左手，以右手挑眼著掌中，而告之曰：『所愛眼者，此之謂也。大妹！今日為著何處？猶如癰瘡，無一可貪，然此眼中，亦漏不淨。不淨。大妹當知：眼如浮泡，亦不牢固，幻偽非真，誑惑世人；耳、鼻、口、身、意皆不牢固，欺詐不真。口是唾器，出不淨之物；純含白骨，身為苦器，為磨滅之法，恒盛臭處，諸蟲所擾；亦如畫瓶，內盛不淨。大妹！今日為著何處？是故，大妹！當專其心，思惟此法幻偽不真。如妹思惟眼、色無常，所有著欲之想自消滅。耳、鼻、口、身、意皆悉無常。思惟此已，所有欲意自當消除；思惟六入，便無欲想。』

「是時，長者女便懷恐懼，即前禮辟支佛足，白辟支佛言：『自今已去，改過修善，更不興欲想。惟願受悔過，如是再三修行。』

「辟支佛報曰：『止！止！大妹！此非汝咎，是我宿罪，受此形故，使人見起欲情意。當熟觀眼：此眼非我，我亦非彼有；亦非我造，亦非彼爲，乃從無有中而生；已有便自壞敗，亦非往世、今世、後世，皆由合會因緣。所謂合會因緣者，緣是有是，此起則起，此無則無，此滅則滅。耳、鼻、口、身、意亦復如是，皆悉空寂。是故，大妹！莫著眼色！以不著色，便至安隱之處，無復情欲。如是，大妹！當作是學！』

「爾時，辟支佛與彼女人，說四非常之法已，昇在虛空，現十八變，還歸所止。

「爾時，彼女人觀眼、耳、鼻、舌、身、意了無所有；便在閑靜之處，思惟此法。彼女人復更思惟六情無主，得四等心，身壞命終，生梵天上。比丘當知：若思惟無常想，廣布無常想，盡斷欲、色、無色愛，憍慢、無明皆悉除盡。是故，比丘！當作是學！」

爾時，諸比丘聞佛所說，歡喜奉行！

【增壹阿含經卷第三十三】

等法品第三十九

◉三五二

聞如是：

一時，佛在舍衛國祇樹給孤獨園。

爾時，世尊告諸比丘：「若轉輪聖王出現世間，爾時便選擇好地而起城郭，東、西十二由旬，南、北七由旬，土地豐熟，快樂不可言。爾時，彼城外郭，七重圍繞，七寶廁其間。所謂七寶者，金、銀、水精、琉璃、琥珀、瑪瑙、硨磲，是謂七寶。復有七寶塹遶彼七重，極爲深廣，人所難踰，其間皆有金沙。復有七重樹兼生其間；然彼樹復有七種色：金、銀、水精、琉璃、琥珀、瑪瑙、硨磲。然彼城中周匝有七重門，皆悉牢固，亦七寶所造。銀門以金間施其間，金門以銀間錯其間，水精門以琉璃間錯其間，琉璃門以水精間錯其間，瑪瑙門以琥珀間錯其間，甚爲快樂，實不可言。然彼城中四面有四浴池，一一浴池縱廣一由旬，自然有水，金、銀、水精所造。銀池水凍，便成銀寶，金池水凍，便成金寶，然轉輪聖王以此爲用。

「爾時，彼地城中有七種音聲。云何爲七？所謂貝聲、鼓聲、小鼓聲、鍾聲、細腰鼓聲、舞聲、歌聲，是謂七種聲。爾時，人民以此恒相娛樂，然彼衆生無有寒溫，亦無飢渴，亦無疾病；然轉輪聖王在世遊化，成就此七寶及四神足，無有缺減，終無亡失。轉輪聖王云何成就七寶？所謂輪寶、象寶、馬寶、珠寶、玉女寶、居士寶、典兵寶。復有千子，極爲勇猛，能降伏外寇；此閻浮里地不以刀杖化彼國。」

爾時，有一比丘白世尊言：「轉輪聖王云何成就輪寶？」

世尊告曰：「是時，轉輪聖王十五日清旦沐浴洗頭，在大殿上玉女圍遶。是時，輪寶千輻具足，從東方來而在殿前，光曜煌煌，非人所造，去地七仞，漸漸至王前住。轉輪聖王見已，便作是說：『吾從舊人邊聞：轉輪王十五日沐浴頭、手，在殿上坐，是時輪寶自然從東方來在王前住。吾今當試此輪寶。』是時，轉輪王以右手執輪寶，而作是說：『汝今以法迴轉，莫以非法。』是時，輪寶自然迴轉，又在空中住。轉輪聖王復將四部兵，亦在虛空中。是時，輪寶迴向東方，轉輪聖王亦從寶輪而去。若輪寶住時，是時轉輪聖王所將之衆，亦在中住。是時，東方粟散王及人民之類，遙見王來皆悉起迎。又以金鉢盛碎銀，銀鉢盛碎金，奉上轉輪聖王，而白王言：『善來，聖王！今此方域人民熾盛，快樂不可稱計，唯願大王當於中治化！』是時，轉輪聖王告彼民曰：『汝等當以法治化，莫以非法，亦莫殺生、竊盜、淫泆，慎莫非法治化。』是時，輪寶復移至南方、西方、北方，普綏人民；還來至王治處，去地七仞而住。如是，比丘！轉輪聖王成就此輪寶也。」

是時，比丘白世尊言：「轉輪聖王云何成就象寶？」

世尊告曰：「比丘當知：轉輪聖王於十五日中，沐浴澡洗在大殿上。是時，象寶從南方來，而有六牙，衣毛極白，七處齊整，皆以金、銀、珍寶而挍飾之，能飛行虛空。爾時，轉輪聖王見已，便作是念：今此象寶極爲殊妙，世之希有，體性柔和，不行卒暴，我今當試此象寶。是時，轉輪聖王清旦日欲初出，乘此象寶，遊四海外，治化人民。如是，轉輪聖王成就象寶。」

是時，比丘白世尊言：「轉輪聖王云何成就馬寶？」

世尊告曰：「轉輪聖王出現世時，是時馬寶從西方來，毛衣極青，尾毛朱光，行不移動，能飛在虛空，無所罣礙。見已，極懷喜悅：『此馬寶實爲殊妙，今當役之，又體性良善，無有暴疾。吾今當試此馬寶。』是時，轉輪聖王即乘此馬，經四天下，治化人民，還來至王治處。如是，比丘！轉輪聖王成就馬寶。」

比丘白佛言：「復以何緣成就珠寶乎？」

世尊告曰：「於是，比丘！轉輪聖王出現世時，是時珠寶從東方來，而有八角，四面有火光，長一尺六寸。轉輪聖王見已，便作是念：此珠寶極爲殊妙，吾今當試之。是時，轉輪聖王夜半悉集四部之兵，以此摩尼寶舉著高幢頭，是時光明照彼國界十二由旬。爾時，城中人民之類，見此光已，各各自相謂言：『日今已出，可理家事。』是時，轉輪聖王在殿上普見人民已，還入宮中。是時，轉輪聖王持此摩尼舉著宮內，內外悉明，靡不周遍。如是，比丘！轉輪聖王成就此珠寶也。」

爾時，比丘白佛言：「轉輪聖王云何成就玉女寶？」

世尊告曰：「比丘當知：若轉輪聖王出現世時，自然有此玉女寶現，顏貌端正，面如桃華色，不長不短，不白不黑，體性柔和，不行卒暴，口氣作憂鉢華香，身作栴檀香。恆侍從聖王左右，不失時節，常以和顏悅色，視王顏貌。如是，比丘！轉輪聖王成就此玉女之寶。」

是時，比丘白佛言：「轉輪聖王云何成就居士寶？」

世尊告曰：「於是，比丘！轉輪聖王出現世時，便有此居士寶出現世間，不長不短，身體紅色，高才智達，無事不開，又得天眼通。是時，居士來至王所，而白王言：『唯願聖王延壽無窮！若王欲須金、銀、珍寶者，盡當供給。』是時，居士以天眼觀有寶藏者、無寶藏者，皆悉見之，王有所須寶，隨時給施。是時，轉輪聖王欲試彼居士時，便將此居士度水，未至彼岸，便語居士言：『我今欲須金、銀、珍寶，正爾便辦。』長者報曰：『前至岸上當供給。』轉輪聖王言：『我今此間須寶，不須至岸上。』是時，居士即前長跪叉手向水，尋時水中七寶踊出。是時，轉輪聖王語彼長者：『止！止！居士！更不須寶。』如是，比丘！轉輪聖王成就此居士寶也。」

是時，比丘白佛言：「轉輪聖王云何成就典兵之寶？」

世尊告曰：「於是，比丘！轉輪聖王出現世時，便有此寶，自然來應，聰明蓋世，豫知人情，身體好色，來至轉輪聖王所，白聖王言：『唯願聖王快自娛樂！若聖王欲須兵衆，正爾給辦，進止之宜，不失時節。』是時，典兵寶隨王所念，雲集兵衆，在王左右。是時，轉輪聖王欲試典兵寶。是時，便作是念：使我兵衆正爾雲集。尋時，兵衆在王門外。若轉輪聖王意欲使兵衆住便住，進便進。如是，比丘！轉輪聖王成就此典兵之寶。比丘當知：轉輪聖王成就此七寶。」

是時，彼比丘白世尊言：「轉輪聖王云何成就四神足快得善利？」

佛告比丘：「於是，轉輪聖王顏貌端正，世之希有，出過世人，猶彼天子無能及者。是謂轉輪聖王成就此第一神足。

「復次，轉輪聖王聰明蓋世，無事不練，人中之雄猛，爾時智慧之豐，無過此轉輪聖王。是謂成就此第二神足。

「復次，比丘！轉輪聖王無復疾病，身體康强，所可飲食，自然消化，無便利之患。是謂，比丘！轉輪聖王成就此第三之神足。

「復次，比丘！轉輪聖王受命極長，壽不可計，爾時人之命，無過轉輪聖王之壽。是謂，比丘！轉輪聖王成就此第四神足。是謂，比丘！轉輪聖王有此四神足。

爾時，彼比丘白佛言：「若轉輪聖王命終之後，爲生何處？」

世尊告曰：「轉輪聖王命終之後生三十三天，受命千歲。所以然者，轉輪聖王自不殺生，復教他人使不殺生；自不竊盜，復教他人使不偷盜；自不淫泆，復教他人使不行淫；自不妄語，復教他人使不妄語；自行十善之法，復教他人使行十善。比丘當知：轉輪聖王緣此功德，命終之後生三十三天。」

爾時，彼比丘便作是念：轉輪聖王甚可貪慕。欲言是人，復非是人；然其實非天，又施行天事，受諸妙樂，不墮三惡趣。若我今日持戒勇猛，所有之福，使將來之世得作轉輪聖王者，不亦快哉！

爾時，世尊知彼比丘心中所念，告彼比丘曰：「今在如來前勿作是念。所以然者，轉輪聖王雖成就七寶，有四神足，無能及者，猶不免三惡之趣：地獄、畜生、餓鬼之道。所以然者，轉輪聖王不得四禪、四神足，不得四諦，由此因緣，復墮三惡趣。人身甚爲難得，遭值八難，求出甚難；生正國中，亦復不易；求善良友，亦復不易；欲與善知識相遇，亦復不易；欲從如來法中學道者，亦復難遇；如來出現，甚不可遭；所演法教，亦復如是，解脫、四諦及四非常，實不可得聞。轉輪聖王於此四法，亦不得究竟。若，比丘！如來出現世時，便有此七寶出現世間。如來七覺意寶，至無邊究竟，天、人所譽，比丘今日善修梵行，於此現身得盡苦際，用此轉輪聖王七寶乎？」

爾時，彼比丘聞如來如是之教，在閑靜之處，思惟道教，所以族姓子，剃除鬚髮，出家學道，欲修無上正業：生死已盡，梵行已立，所作已辦，更不復受有，如實知之。爾時，彼比丘便成羅漢。

爾時，彼比丘聞佛所說，歡喜奉行！

◉三五四

聞如是：

一時，佛在羅閱城迦蘭陀竹園所，與大比丘眾五百人俱。

滿願子亦將五百比丘遊本生處。爾時，世尊於羅閱城九十日夏坐已，漸漸在人間遊化，來至舍衞城中祇樹給孤獨園。爾時，衆多比丘各散在人間，亦來至世尊所，到已，頭面禮足，在一面坐。

爾時，世尊問諸比丘：「汝等爲在何處夏坐？」

諸比丘對曰：「在本所生處而受夏坐。」

世尊告曰：「汝等所生之處比丘之中，能自行阿練若，復能稱譽阿練若；自行乞食，復教他人使行乞食，不失時宜；自著補納衣，復教他人使著補納衣；自修知足，亦復歎譽知足之行；自行少欲，亦復歎說少欲之行；自樂閑靜之處，復教他人在閑靜之處；自守其行，復教他人使守其行；己身戒具清淨，復教他人使修其戒；己身三昧成就，復教他人使行三昧；己身智慧成就，復教他人使行智慧；己身解脫成就，復教他人使行解脫；己身解脫見慧成就，復教他人使行此法，身能教化不有厭足，說法無懈倦。」

爾時，諸比丘白世尊言：「比丘滿願子於此諸比丘中，堪任教化，己身修阿練若行，亦復歎譽阿練若行；己身著補納衣，少欲知足，精進勇猛，乞食，樂閑靜之處，戒、三昧、智慧、解脫、解脫見慧成就，復教他人使行此法，自能教化，說法無厭足。」

爾時，世尊與諸比丘說微妙法。是時，諸比丘聞佛說法已，小停左右，便從座起，遶佛三匝，便退而去。

爾時，舍利弗去世尊不遠，結跏趺坐，正身正意，繫念在前。爾時，舍利弗便作是念：今滿願子快得善利。所以然者，諸梵行比丘歎譽其德，然復世尊稱可其語，亦不逆之，我當何日與彼人得共相見，與其談論？

是時，滿願子於本生處，教化周訖；漸漸人間教化，來至世尊所，頭面禮足，在一面坐。爾時，世尊漸與說法。是時，滿願子聞說法已，即從座起，頭面禮足，便退而去，以尼師檀著右肩上，往詣晝闇園中。

爾時，有一比丘，遙見滿願子以尼師檀著右肩上，至彼園中。見已，即往至舍利弗所，白舍利弗言：「世尊常所歎滿願子方至如來所，從佛聞法，今詣園中，尊者宜知是時。」

是時，舍利弗聞比丘語，即從坐起，以尼師檀著右肩上，往至彼園中。是時，滿願子在一樹下結跏趺坐，舍利弗亦復在一樹下端坐思惟。是時，舍利弗便從座起，往至滿願子所。到已，共相問訊，在一面坐。爾時，舍利弗問滿願子曰：「云何，滿願子！為由世尊得修梵行為弟子乎？」

滿願子報曰：「如是！如是！」

時，舍利弗復問曰：「復因世尊得修清淨戒乎？」

滿願子言：「非也。」

舍利弗言：「為由心清淨行於如來所，而修梵行乎？」

滿願子報曰：「非也。」

舍利弗言：「為見清淨於如來所，得修梵行乎？」

滿願子報曰：「非也。」

舍利弗言：「云何為無猶豫，得修梵行乎？」

滿願子報曰：「非也。」

舍利弗曰：「為由行跡清淨，得修梵行乎？」

滿願子報曰：「非也。」

舍利弗言：「云何於道之中，智修清淨，得修梵行乎？」

滿願子報曰：「非也。」

舍利弗言：「云何知見清淨，得修梵行乎？」

滿願子報曰：「非也。」

舍利弗言：「我今所問：『於如來所，得修梵行乎？』汝復報吾言：『如是。』吾復問：「智慧、心清淨，道知見清淨，得修梵行耶？』汝復言：『非也。』汝今云何於如來所，得修梵行耶？」

滿願子報曰：「戒清淨義者，能使心清淨；心清淨義者，能使見清淨；見清淨義者，能使無猶豫清淨；無猶豫清淨義者，能使行跡清淨；行跡清淨義者，能使道清淨；道清淨義者，能使知見清淨；知見清淨義者，能使入涅槃義。是謂於如來所得修梵行。」

舍利弗言：「汝今所說義何所趣向？」

滿願子言：「我今當引譬喻解此義。智者以譬喻解此義，智者自寤，猶如今日波斯匿王，從舍衛城至婆祇國，兩國中間布七乘車。是時，波斯匿王出城先乘一車；至第二車，即乘第二車，復捨第一車；小復前行，乘第三車而捨第二車；小復前行，乘第四車而捨第三車；小復前行，乘第五車而捨第四車；又復前行，乘第六車而捨第五車；又復前行，乘第七車而捨第六車，入婆祇國。是時，波斯匿王以至宮中。設有人問：『大王！今日爲乘何等車來至此宮？』彼王欲何報？」

舍利弗報言：「設當有人問者，當如是報曰：『吾出舍衛城，先乘第一車至第二車，復捨第二車乘第三車，復捨第三車乘第四車，復捨第四車乘第五車，復捨第五車乘第六車，復捨第六車乘第七車，至婆祇國。所以然者，皆由前車至第二車，展轉相因，得至彼國。』設有人問者，應當作是報之。」

滿願子報曰：「戒清淨義，亦復如是，由心清淨，得見清淨；由見清淨，得至除猶豫清淨；由無猶豫義，得至行跡清淨；由行跡清淨義，得至道清淨；由道清淨義，得至知見清淨；由知見清淨義，得至涅槃義，於如來所得修梵行。所以然者，戒清淨義者，是受入之貌，然如來說使除受入；心清淨義亦是受入之貌，然如來說除受入；乃至知見之義亦是受入，如來說除受入，乃至涅槃，如來所得修梵行。若當戒清淨，於如來所得修梵行者，凡夫之人亦當取滅度。所以然者，凡夫之人亦有此戒法。世尊所說者，以次成道，得至涅槃界，非獨戒清淨，得至滅度，猶如有欲上七重樓上，要當以次而至，戒清淨義，亦復如是，漸漸至心，由心至見，由見至無猶豫，由無猶豫，得至淨於行跡，由淨行跡得至於道，由於淨道得至知見，由淨知見得至涅槃。」

是時，舍利弗即稱：「善哉！善哉！快說此義。汝今為名何等？諸比丘梵行之人，稱汝何等號？」

滿願子言：「我今名為滿願子，母姓彌多那尼。」

舍利弗言：「善哉！善哉！滿願子！賢聖法中實無等倫。懷抱甘露，演布無窮，我今所問甚深之義，汝盡演說。設當諸梵行人以首戴行世間，猶不能得報其恩，其有來親近問訊者，彼人快得善利。我今亦得其善利，承受其教。」

滿願子報曰：「善哉！善哉！如汝所言。汝今爲名何等？諸比丘爲何等號？」

舍利弗報曰：「我名憂波提舍，母名舍利，諸比丘號吾爲舍利弗。」

滿願子言：「我今與大人共論，先亦不知法之大主來至此間，設當知尊者舍利弗來至此者，亦無此辯共相酬答。然尊問此甚深之義，尋時發遣。善哉！舍利弗！佛弟子中最爲上首，恆以甘露法味而自娛樂。設當諸梵行人，以首戴尊者舍利弗行世間，從歲至歲，猶不能報斯須之恩。其有衆生來問訊尊者、親近者，彼人快得善利，我等亦快得善利。」

爾時，二賢在彼園共如是論議。

是時，二人各聞所說，歡喜奉行！

等法及晝度，水及城郭喻，
識・均頭・二輪，波蜜及七車。

【增壹阿含經卷第三十四】

七日品第四十之一

◉三五九

聞如是：

一時，佛在毗舍離獮猴池側，與大比丘衆五百人俱。

是時，世尊到時，著衣持鉢，及將阿難入毗舍離乞食。爾時，毗舍離城內有大長者名毗羅先，饒財多寶，不可稱計；然復慳貪無惠施之心，唯食宿福，更不造新。爾時，彼長者將諸婇女在後宮作倡伎樂，自相娛樂。

爾時，世尊往詣彼巷，知而問阿難曰：「今聞作倡伎樂爲是何家？」

阿難白佛：「是毗羅先長者家。」

佛告阿難：「此長者卻後七日命終，當生涕哭地獄中。所以然者，此是常法，若斷善根之人，命終之時，皆生涕哭地獄中。今此長者宿福已盡，更不造新。」

阿難白佛言：「頗有因緣使此長者七日不命終乎？」

佛告阿難：「無此因緣得不命終！昔所種行，今日已盡，此不可免。」

阿難白佛：「頗有方宜令此長者不生涕哭地獄乎？」

佛告阿難：「有此方宜可使長者不入地獄耳！」

阿難白佛言：「何等因緣使長者不入地獄？」

佛告阿難：「設此長者剃除鬚髮，著三法衣，出家學道者，便得免此罪也。」

阿難白佛言：「今我能使此長者出家學道。」

爾時，阿難辭世尊已，往至彼長者家，在門外立。是時，長者遙見阿難來，即出奉迎，便請使坐。時，阿難語長者曰：「今我是一切智人邊聞，然如來今記：汝身卻後七日當身壞命終，生涕哭地獄中。」長者聞已，即懷恐懼，衣毛皆豎，白阿難曰：「頗有此因緣使七日之中不命終乎？」

阿難告曰：「無此因緣令七日中得免命終。」

長者復白言：「頗有因緣我今命終不生涕哭地獄中乎？」

阿難告曰：「世尊亦有此教：若當長者剃除鬚髮，著三法衣，出家學道者，便不入地獄中。汝今可宜出家學道，得到彼岸。」

長者白言：「阿難並在前去，我正爾當往。」

是時，阿難便捨而去。長者便作是念：言七日者猶尚爲遠，吾今宜可五欲自娛樂，然後當出家學道。是時，阿難明日復至長者家，語長者曰：「一日已過，餘有六日在，可時出家。」

長者白言：「阿難並在前，正爾當尋從。」

然彼長者猶故不去。是時，阿難二日、三日……乃至六日至長者家，語長者曰：「可時出家，後悔無及。設不出家者，今日命終，當生涕哭地獄中。」

長者白阿難曰：「尊者並在前，正爾當隨後。」

阿難告曰：「長者！今日以何神足至彼間？方言先遣吾耶？但今欲共一時俱往！」

是時，阿難將此長者往至世尊所，到已，頭面禮足，白佛言：「今此長者欲得出家學道，唯願如來當與剃除鬚髮，使得學道！」

佛告阿難：「汝今躬可度此長者。」

是時，阿難受佛教敕，即時與長者剃除鬚髮，教令著三法衣，使學正法。是時，阿難教彼比丘曰：「汝當念修行：念佛、念法、念比丘僧、念戒、念施、念天、念休息、念安般、念身、念死，當修行如是之法。是謂，比丘！行此十念者，便獲大果報，得甘露法味。」

是時，毗羅先修行如是法已，即其日命終，生四天王中。

是時，阿難即闍維彼身，還至世尊所，頭面禮足，在一面立。爾時，阿難白世尊言：「向者，比丘毗羅先者今已命終為生何處？」

世尊告曰：「今此比丘命終生四天王中。」

阿難白佛言：「於彼命終當生何處？」

世尊告曰：「於彼命終當生三十三天，展轉生豔天、兜術天、化自在天、他化自在天，從彼命終復還來生，至四天王中。是謂，阿難！毗羅先比丘七變周旋天人之中，最後得人身，出家學道，當盡苦際。所以然者，斯於如來有信心故。」

「阿難當知：此閻浮提地南北二萬一千由旬，東西七千由旬，設有人供養閻浮里地人，其福為多不？」

阿難白佛言：「甚多！甚多！世尊！」

佛告阿難：「若有衆生如犂牛頃，信心不絕修行十念者，其福不可量，無有能量者。如是，阿難！當求方便，修行十念。如是，阿難！當作是學！」

爾時，阿難聞佛所說，歡喜奉行！

【增壹阿含經卷第三十五】

七日品第四十之二

◉三六二

聞如是：

一時，佛在舍衛國祇樹給孤獨園。

爾時，世尊告諸比丘：「汝等當修行死想，思惟死想。」

時，彼座上有一比丘白世尊言：「我常修行、思惟死想。」

世尊告曰：「汝云何思惟、修行死想？」

比丘白佛言：「思惟死想時，意欲存七日，思惟七覺意，於如來法中多所饒益，死後無恨。如是，世尊！我思惟死想。」

世尊告曰：「止！止！比丘！此非行死想之行，此名爲放逸之法。」

復有一比丘白世尊言：「我能堪任修行死想。」

世尊告曰：「汝云何修行、思惟死想？」

比丘白佛言：「我今作是念：意欲存在六日，思惟如果正法已，便取命終，此則有所增益。如是思惟死想。」

世尊告曰：「止！止！比丘！汝亦是放逸之法，非思惟死想也。」

復有比丘白佛言：「欲存在五日。」或言四日，或言三日、二日、一日者。

爾時，世尊告諸比丘：「止！止！比丘！此亦是放逸之法，非爲思惟死想。」

爾時，復有一比丘白世尊言：「我能堪忍修行死想。」比丘白佛言：「我到時，著衣持鉢，入舍衛城乞食。乞食已，還出舍衛城，歸所在，入靜室中，思惟七覺意而取命終。此則思惟死想。」

世尊告曰：「止！止！比丘！此亦非思惟、修行死想。汝等諸比丘所說者，皆是放逸之行，非是修行死想之法。」

是時，世尊重告比丘：「其能如婆迦利比丘者，此則名爲思惟死想。彼比丘者，善能思惟死想，厭患此身惡露不淨。若比丘思惟死想，繫意在前，心不移動，念出入息往還之數，於其中間思惟七覺意，則於如來法多所饒益。所以然者，一切諸行皆空、皆寂，起者、滅者皆是幻化，無有真實。是故，比丘！當於出入息中思惟死想，便脫生、老、病、死、愁、憂、苦、惱。如是，比丘！當知作如是學！」

爾時，諸比丘聞佛所說，歡喜奉行！

【增壹阿含經卷第三十五】

莫畏品第四十一

◉三六九

聞如是：

一時，佛在舍衛國祇樹給孤獨園。

爾時，世尊語迦葉曰：「汝今年已朽邁，無少壯之意，宜可受諸長者衣裳及其飲食。」

大迦葉白佛言：「我不堪任受彼衣食。今此納衣隨時乞食，快樂無比。所以然者，將來當有比丘，形體柔軟，心貪好衣食，便於禪退轉，不復能行苦業，又當作是語：『過去佛時，諸比丘等亦受人請、受人衣食。我等何爲不法古時聖人乎？』坐貪著衣食故，便當捨服爲白衣，使諸聖賢無復威神，四部之衆漸漸減少；聖衆已減少，如來神寺復當毀壞；如來神寺已毀壞故，經法復當凋落。是時，衆生無復精光；以無精光，壽命遂短。是時，彼衆生命終已，皆墮三惡趣，猶如今日衆生之類，爲福多者皆生天上，當來之世爲罪多者，盡入地獄。」

世尊告曰：「善哉！善哉！迦葉多所饒益，爲世人民作良友福田。迦葉當知：吾般涅槃後千歲餘，當有比丘於禪退轉，不復行頭陀之法，亦無乞食、著補納衣，貪受長者請，受其衣食；亦復不在樹下閑居之處，好喜莊飾房舍；亦不用大小便爲藥，但著餘藥草，極甘美者；或於其中貪著財貨，悋惜房舍，恆共鬥諍。爾時，檀越施主篤信佛法，好喜惠施，不惜財物。是時，檀越施主命終之後盡生天上。比丘懈怠者，死入地獄中。如是，迦葉！一切諸行皆悉無常，不得久保。」

「又迦葉當知：將來之世，當有比丘剃鬚髮而習家業，左抱男，右抱女，又執箏簫在街巷乞食。爾時，檀越施主受福無窮，況復今日至誠乞食者。如是，迦葉！一切行無常，不可久停。迦葉當知：將來之世，若有沙門比丘當捨八種道及七種之法，如我今日於三阿僧祇劫所集法寶。將來諸比丘以爲歌曲，在衆人中乞食以自濟命，然後檀越施主飯彼比丘衆，猶獲其福，況復今日而不得其福乎！我今持此法付授迦葉及阿難比丘。所以然者，吾今年老以向八十，然如來不久當取滅度，今持法寶付囑二人，善念誦持，使不斷絕，流布世間。其有遏絕聖人言教者，便爲墮邊際。是故，今日囑累汝經法，無令脫失。」

是時，大迦葉及阿難即從座起，長跪叉手，白世尊言：「以何等故，以此經法付授二人，不囑累餘人乎？又復如來衆中，神通弟子不可稱計，然不囑累？」

世尊告迦葉曰：「我於天上、人中，終不見此人，能受持此法寶，如迦葉、阿難之比。然聲聞中亦復不出二人上者，過去諸佛亦復有此二人持經法。如今迦葉、阿難比丘之比，極爲殊妙。所以然者，過去諸佛頭陀行比丘，法存則存，法没則没，然我今日迦葉比丘留住在世，彌勒佛出世然後取滅度。由此因緣，今迦葉比丘勝過去時比丘之衆。又阿難比丘云何得勝過去侍者？過去時諸佛侍者，聞他所説，然後乃解，然今日阿難比丘，如來未發語便解，如來意須是，不須是，皆悉知之。由此因緣，阿難比丘勝過去時諸佛侍者。是故，迦葉！阿難！吾今付授汝，囑累汝此法寶，無令缺減。」

爾時，世尊便説偈言：

一切行無常，起者必有滅；
無生則無死，此滅最爲樂！

是時，大迦葉及阿難聞佛所説，歡喜奉行！

【增壹阿含經卷第三十六】

八難品第四十二之一

◉三七〇

聞如是：

一時，佛在舍衛國祇樹給孤獨園。

爾時，世尊告諸比丘：「凡夫之人不聞不知說法時節。比丘當知：有八不聞時節，人不得修行。云何為八？若如來出現世時，廣演法教，得至涅槃，如來之所行，然此衆生在地獄中，不聞不睹，是謂初一難也。

「若復如來出現世時，廣演法教，然此衆生在畜生中，不聞不睹，是謂第二之難。

「復次，如來出現世時，廣説法教，然此衆生在餓鬼中，不聞不睹，是謂第三之難也。

「復次，如來出現世時，廣演法教，然此衆生在長壽天上，不聞不睹，是謂第四之難也。

「復次，如來出現世時，廣演法教，然此衆生在邊地生，誹謗賢聖，造諸邪業，是謂第五之難。

「復次，如來出現世時，廣演法教，得至涅槃，然此衆生生於中國，又且六情不完具，亦復不別善惡之法，是謂第六之難也。

「若復如來出現世時，廣演法教，得至涅槃，然此衆生在於中國，雖復六情完具，無所缺漏，然彼衆生心識邪見：無人、無施，亦無受者，亦無善惡之報。無今世、後世，亦無父母，世無沙門、婆羅門等成就得阿羅漢者，自身作證而自遊樂，是謂第七之難也。

「復次，如來不出現世，亦復不說法使至涅槃者，又此衆生生在中國，六情完具，堪任受法，聰明高才，聞法則解，修行正見：便有物、有施、有受者，有善惡之報，有今世、後世，世有沙門、婆羅門等修正見，取證得阿羅漢者。是謂第八之難，非梵行所修行。是謂，比丘！有此八難，非梵行所修行。

「於是，比丘！有一時節法，梵行人所修行。云何為一？於是，如來出現世時，廣演法教，得至涅槃，然此人生在中國，世智辯聰，觸物皆明，修行正見，亦能分別善惡之法，有今世、後世，世有沙門、婆羅門等修正見，取證得阿羅漢者。是謂梵行人修行一法，得至涅槃。」

爾時，世尊便說此偈：

八難非一類，令人不得道；如今現在前，世間不可遇。
亦當學正法，亦莫失是處；追憶過去等，便生地獄中。
於是斷無欲，思惟於正法；久存於世間，而無斷滅時。

於是斷無欲，思惟於正法；永斷生死原，久存於世間。
以得於人身，分別正真法；諸不得果者，必遊八難處。
今說有八難，佛法之要行；一難猶尚劇，如板浮大海。
雖當離一難，然可有此理；設離一四諦，永離於正道。
是故當專心，思惟於妙理；至誠聽正法，便得無爲處。

「是故，比丘！當求方便，遠離八難之處，莫願其中。如是，諸比丘！當作是學！」

爾時，諸比丘聞佛所說，歡喜奉行！

八難品第四十二之二

【增壹阿含經卷第三十七】

◉三七九

聞如是：

一時，佛在舍衛國祇樹給孤獨園。

爾時，世尊告諸比丘：「我今當說趣泥犁之路，向涅槃之道，善思念之，無令漏失。」

諸比丘白佛言：「如是，世尊！」諸比丘從佛受教。

佛告比丘：「彼云何趣泥犁之路，向涅槃之道？邪見趣泥犁之路。正見向涅槃之道；邪治趣泥犁之路，正治向涅槃之道；邪語趣泥犁之路，正語向涅槃之道；邪業趣泥犁之路，正業向涅槃之道；邪命趣泥犁之路，正命向涅槃之道；邪方便趣泥犁之路，正方便向涅槃之道；邪念趣泥犁之路，正念向涅槃之道；邪定趣泥犁之路，正定向涅槃之道。是謂，比丘！趣泥犁之路，向涅槃之道。諸佛世尊常所應說法，今已果矣！汝等樂在閑居處，樹下露坐，念行善法，無起懈慢。今不勤行，後悔無及。」

爾時，諸比丘聞佛所說，歡喜奉行！

非時・泥梨・道，須倫天・地動，

大人八念・衆，善男子施・道。

【增壹阿含經卷第三十八】

馬血天子問八政品第四十三之一

◉三八二

聞如是：

一時，佛在摩竭國界，與大比丘衆五百人俱，漸至江水側。

爾時，世尊見江水中，有大材木爲水所漂，即坐水側一樹下坐。爾時，世尊告諸比丘：「汝等頗見木爲水所漂乎？」

諸比丘白佛言：「唯然，見之。」

世尊告曰：「設當此木不著此岸，不著彼岸，又不中没，復非在岸上，不爲人所捉，復非爲非人所捉者，復非爲水所迴轉，復非腐敗者，便當漸漸至海。所以然者，海，諸江之原本。汝等比丘亦如是，設不著此岸，不著彼岸，又不中没，復非在岸上，不爲人、非人所捉，亦不爲水所迴轉，亦不腐敗，便當漸漸至涅槃處。所以然者，涅槃者，正見、正治、正語、正業、正命、正方便、正念、正定是涅槃之原本。」

爾時，有牧牛人名曰難陀，憑杖而立。是時，彼牧牛人遙聞如是所說，漸來至世尊所而立。爾時，牧牛人白世尊言：「我今亦不著此岸，不在彼岸，又非中没，復非在岸上，不爲人捉，復非爲非人所捉，不爲水所迴轉，亦非腐敗，漸當至涅槃之處。唯願世尊聽在道次，得作沙門！」

世尊告曰：「汝今還主牛已，然後乃得作沙門耳！」

牧牛人難陀報曰：「斯牛哀念犢故，自當還家。唯願世尊聽在道次！」

世尊告曰：「此牛雖當還家，故須汝往付授之。」

是時，牧牛人即受其教，往付牛已，還至佛所，白世尊言：「今已付牛，唯願世尊聽作沙門！」是時，如來即聽作沙門，受具足戒。

有一異比丘白世尊：「云何爲此岸？云何爲彼岸？云何爲中沒？云何在岸上？云何不爲人所捉？云何不爲非人所捉？云何不爲水所迴轉？云何不腐敗？」

佛告比丘曰：「此岸者身也；彼岸者身滅耶；中沒者欲愛耶；在岸上者五欲也；爲人所捉者，如有族姓子發此誓願：『持此功德福祐，作大國王，若作大臣。』非人所捉者，如有比丘有此誓願：『生四天王中及諸天中而行梵行，今持功德生諸天之中。』是謂名爲非人所捉。爲水所迴轉者，此是邪疑也。腐敗者，邪見、邪治、邪語、邪業、邪命、邪方便、邪念、邪定，此是腐敗也。」

是時，難陀比丘在閑靜之處而自修剋，所以族姓之子，剃除鬚髮，出家學道者，修無上梵行：生死已盡，梵行已立，所作已辦，更不復受。即於座上成阿羅漢。

爾時，難陀聞佛所說，歡喜奉行！

【增壹阿含經卷第四十】

九衆生居品第四十四

◉三九九

聞如是：

一時，佛在舍衛國祇樹給孤獨園。

爾時，阿難白世尊言：「所謂善知識者，即是半梵行之人也，將引善道以至無爲。」

佛告阿難：「勿作是言：『言善知識者，即是半梵行之人。』所以然者，夫善知識之人，即是全梵行之人，與共從事，將視好道。我亦由善知識成無上正真、等正覺，以成道果，度脫衆生不可稱計，皆悉免生、老、病、死。以此方便，知夫善知識之人，全梵行之人也。」

「復次，阿難！若善男子、善女人與善知識共從事者，信根增益，聞、施、慧德皆悉備具。猶如月欲盛滿，光明漸增，倍於常時。此亦如是，若有善男子、善女人親近善知識，信、聞、念、施、慧皆悉增益。以此方便，知其善知識者即是全梵行之人也。」

「若我昔日不與善知識從事，終不爲燈光佛所見授決也；以與善知識從事故，得爲與提和竭羅佛所見授決。以此方便，知其善知識者，即是全梵行之人也。」

「若當，阿難！世間無善知識者，則無有尊卑之敍，父母、師長、兄弟、宗親，則與彼豬犬之屬與共一類，造諸惡緣，種地獄罪緣；有善知識故，便別有父母、師長、兄弟、宗親。」

是時，世尊便說此偈：

善知識非惡，親法非爲食；將導於善路，此親最尊説。

「是故，阿難！勿復更説言：『善知識者是半梵行之人也。』

爾時，阿難從佛受教，聞佛所説，歡喜奉行！

【增壹阿含經卷第四十一】

馬王品第四十五

◉四〇一

聞如是：

一時，佛在羅閱城迦蘭陀竹園所，與大比丘衆五百人俱。

爾時，彼城中有婆羅門，名曰摩醯提利，善明外道經術，天文、地術靡不貫練，世間所可周旋之法，悉皆明了。彼婆羅門女，名曰意愛，極爲聰朗，顏貌端正，世之希有。

是時，婆羅門便作是念：我等婆羅門經籍有是語：『有二人出世甚爲難遇，實不可值。云何爲二人？所謂如來、至真、等正覺，轉輪聖王。若轉輪聖王出世之時，便有七寶自然嚮應。』我今有此女寶，顏貌殊妙，玉女中最第一。如今無有轉輪聖王。又我聞：真淨王子名曰悉達，出家學道，有三十二大人之相、八十種好，彼若當在家者，便當爲轉輪聖王；若出家學道者，便成佛道。我今可將此女與彼沙門。

是時，婆羅門即將此女至世尊所，前白佛言：「唯願沙門受此玉女！」

佛告婆羅門曰：「止！止！梵志！吾不須此著欲之人。」

時，婆羅門復再三白佛言：「沙門！受此玉女。方比世界，此女無比！」

佛告梵志：「已受汝意，但吾已離家，不復習欲。」

爾時，有長老比丘在如來後，執扇扇佛。是時，長老比丘白世尊言：「唯願如來受此女人！若如來不須者，給我等使令！」

是時，世尊告長老比丘：「汝為愚惑，乃能在如來前吐此惡意。汝云何轉繫意在此女人所？夫為女人有九惡法。云何為九？一者女人臭穢不淨，二者女人惡口，三者女人無反復，四者女人嫉妒，五者女人慳嫉，六者女人多喜遊行，七者女人多瞋恚，八者女人多妄語，九者女人所言輕舉。是謂，比丘！女人有此九法弊惡之行。」

爾時，世尊便說此偈：

常喜笑啼哭，現親實不親；當求他方便，汝勿與亂念。

是時，長老比丘白世尊者：「女人雖有此九弊惡之法，然我今日觀察此女無有瑕疵。」

佛告比丘：「汝今愚人，不信如來神口所說乎？吾今當說，過去久遠婆羅㮈城中有商客名曰普富，將五百商人入海採寶。然彼大海側有羅剎所居之處，恆食噉人民。是時，海中風起吹此船筏，墮彼羅剎部中。是時，羅剎遙見商客來，歡喜無量，即隱羅剎之形，化作女人，端正無比，語諸商人曰：『善來，諸賢！此寶渚之上，與彼天宮不異，多諸珍寶，數千百種饒諸飯食。又有好女皆無夫主，可與我等共相娛樂。』

「比丘當知：彼商客衆中，其愚惑者，見女人已，便起想著之念。是時，普富商主便作是念：此大海之中非人所居之處，那得有此女人止住？此必是羅剎，勿足狐疑。是時，商主語女人言：『止！止！諸妹！我等不貪女色。』

「是時，月八日、十四日、十五日，馬王在虛空中周旋，作此告敕：『誰欲渡大海之難，我能負度。』比丘當知：當爾之時，彼商主上高樹上，遙見馬王，聞音響之聲歡喜踊躍，不能自勝，往趣馬王所。到已，語馬王曰：『我等五百商人爲風所吹，今來墮此極難之處，欲得渡海，唯願渡之！』是時，馬王語彼商人曰：『汝等悉來，吾當渡至海際。』

「是時，普富長者語衆商人曰：『今馬王近在，悉來就彼共渡海難。』

「是時，人衆報曰：『止！止！大主！我等且在此間自相娛樂。所以在閻浮提勤苦者，欲求於快樂之處；珍奇、寶物及於玉女此間悉備，便可此間五欲自娛樂。後日居漸漸合集財貨，當共度難。』

「時，彼大商主告諸人曰：『止！止！愚人！此間無有女人；大海之中云何有人處？』諸商人報曰：『且止！大主！我等不能捨此而去。』

「是時，普富商主便說偈言：

我等墮此難，無男無女想；
斯是羅剎種，漸當食我等。

「『設當汝等不與我共去者，各自將護。設我身、口、意所犯者，悉皆原捨，莫經心意。』

「是時，諸商人與說共別之偈：

與我問訊彼，閻浮親里輩；
在此而娛樂，不得時還家。

「是時，商主復以偈報曰：

汝等實遭厄，惑此不肯歸；
如此不復久，盡爲鬼所食。

「說此偈已，便捨而去。往至馬王所，頭面禮足，即乘而去。是時，諸人遙見其主已乘馬王，其中或有喚呼，或復有不稱怨者。

「是時，最大羅剎之主，復向諸羅剎而說此偈：

已墮師子口，出外甚爲難；
何況入我渚，欲出實爲難。

「是時，羅剎之主，即化作女人之形，極爲端正，又以兩手指胸說曰：『設不食汝等，終不爲羅剎也！』

「是時，馬王即負商王，度至海岸。爾時，餘五百商人盡受其困。

「爾時，波羅㮈城中有王名梵摩達，治化人民。是時，羅剎尋從大商主後：『咄！失我夫主！』是時，賈主即還詣家。是時，羅剎化抱男兒，至梵摩達王所，前白王言：『世間極有災怪，盡當滅壞。』王告之曰：『世間有何災怪，盡當滅壞耶？』羅剎白王：『爲夫所棄，又我無過於夫王。』是時，梵摩達王見此女人極爲殊妙，興起想著，語女人曰：『汝夫主者，乃無人義而捨汝去。』是時，梵摩達剎王遣人呼其夫曰：『汝實棄此好婦乎？』商主報曰：『此是羅剎，非女人也！』羅剎女復白王言：『此人無夫主之義，今日見棄，復罵我言云：是羅剎。』王問之曰：『汝實不用者，吾當攝之。』商主白曰：『此是羅剎！隨王聖意。』

「是時，梵摩達王即將此女內著深宮，隨時接納，不令有怨。是時，羅剎非人時取王食噉，唯有骨存，便捨而去。

「比丘！勿作斯觀。爾時商主者，舍利弗比丘是也。爾時羅剎者，今此女人是也。爾時梵摩達王者，今長老比丘是也。是時馬王者，今我身是。爾時五百商人者，今五百比丘是。以此方便，知欲爲不淨想，今故興意起於想著乎？」

爾時，彼比丘即禮佛足，白佛世尊言：「唯願受悔，恕其重過！自今已後更不復犯！」

是時，彼比丘受如來教已，即在閑靜之處，剋己自修，所以族姓子，勤修梵行者，欲得修無上梵行。是時，彼比丘便成阿羅漢。

爾時，諸比丘聞佛所說，歡喜奉行！

◉四〇四

聞如是：

一時，佛在婆羅園中。

爾時，世尊時到，著衣持鉢，入婆羅村乞食。是時，弊魔波旬便作是念：今此沙門欲入村乞食，我今當以方宜教諸男女不令與食。是時，弊魔波旬尋告國界人民之類：「無令施彼沙門瞿曇之食。」

爾時，世尊入村乞食，人民之類皆不與如來共言談者，亦無有來承事供養者。如來乞食竟不來，便還出村。

是時，弊魔波旬至如來所問佛言：「沙門！乞食竟不得乎？」世尊告曰：「由魔所爲，使吾不得食，汝亦不久當受其報。魔！今聽吾說，賢劫之中有佛名拘樓孫如來、至真、等正覺、明行成爲、善逝、世間解、無上士、道法御、天人師，號佛、衆祐，出現於世。是時，彼亦依此村居止，將四十萬衆。爾時，弊魔波旬便作是念：五今求此沙門方便。終不果獲。時，魔復作是念：吾今當約敕婆羅村中人民之類，使不施沙門之食。是時，諸聖衆著衣持鉢，入村乞食，爾時諸比丘竟不得食，即還出村。

「爾時，彼佛告諸比丘：『說如此妙法，夫觀食有九事：四種人間食，五種出人間食。云何四種是人間食？一者揣食，二者更樂食，三者念食，四者識食，是謂世間有四種之食。彼云何名爲五種之食，出世間之表？一者禪食，二者願食，三者念食，四者八解脫食，五者喜食，是謂名爲五種之食。如是，比丘！五種之食，出世間之表，當共專念捨除四種之食，求方便辦五種之食。如是，比丘！當作是學！』

「爾時，諸比丘受彼佛教已，即自剋己，成辦五種之食。是時，彼魔波旬不能得其便。

「是時，波旬便作是念：吾今不能得此沙門方便，今當求眼、耳、鼻、口、身、意之便。吾今當住村中，教諸人民，使沙門衆等未得利養，使令得之，已辦利養倍增多也；使彼比丘貪著利養，不能暫捨，復欲從眼、耳、鼻、口、身、意得方便乎！

「是時，彼佛、聲聞到時，著衣持鉢，入村乞食。是時，婆羅村人民供給比丘衣被、飯食、床臥具、病瘦醫藥，不令有乏，皆前捉僧伽梨，以物强施。是時，彼佛與衆聲聞說如此之法：『夫利養者，墮人惡趣，不令至無爲之處。汝等，比丘！莫趣想著之心，向於利養，當念捨離；其有比丘著利養者，不成五分法身，不具戒德。』

「是故，比丘！未生利養之心，當使不生；已生利養之心，時速滅之。如是，比丘！當作是學！」時，魔波旬即隱形去。

爾時，諸比丘聞佛所說，歡喜奉行！

◉四〇五

聞如是：

一時，佛在舍衛國祇樹給孤獨園。

爾時，世尊告諸比丘：「當行慈心，廣布慈心，以行慈心，所有瞋恚之心，自當消除。所以然者，比丘當知：昔日有鬼極爲弊暴，來在釋提桓因座上而坐。是時，三十三天極爲瞋恚：『云何此鬼在我主床上坐乎？』是時，諸天適興恚心，彼鬼遂轉端正，顏貌殊常。爾時，釋提桓因在普集講堂上坐，與玉女共相娛樂。是時，有天子往至釋提桓因所，白帝釋言：『瞿翼當知：今有惡鬼在尊座上坐，今三十三天極懷恚怒，諸天適興恚怒，彼鬼遂轉端正，顏貌勝常。』是時，釋提桓因便作是念：此鬼必是神妙之鬼。

「是時，釋提桓因往至彼鬼所。相去不遠，自稱姓名：『吾是釋提桓因，諸天之主。』時，釋提桓因自稱姓名時，彼惡鬼轉成醜形，顏貌可惡。是彼惡鬼即時消滅。比丘！當以此方便，知其行慈心而不捨離，其德如是。

「又且，比丘！吾昔日時，七歲之中恆修慈心，經歷七成劫、敗劫，不往來生死。劫欲壞時，便生光音天；劫欲成時，便生無想天上，或作梵天，統領諸天，領十千世界。又復三十七變爲釋提桓因，又無數變爲轉輪聖王。比丘！以此方便，知其行慈心，其德如是。

「復次，行慈心者，身壞命終，生梵天上，離三惡道，去離八難。復次，其行慈者，生中正之國。復次，行慈心者，顏貌端正，諸根不缺，形體完具。復次，其行慈心者，躬自見如來，承事諸佛，不樂在家，欲得出家學道，著三法依，剃除鬚髮，修沙門之法，修無上梵行。

「比丘當知：猶如金剛，人取食之，終不消化，要當下過。其行慈心之人，亦復如是。若如來出世，要當作道，修無上梵行；生死已盡，梵行已立，所作已辦，更不復受後有，如實知之。」

是時，尊者阿難白佛言：「世尊！設如來不出世時，彼善男子不樂在家，當何所趣向？」

佛告阿難曰：「若如來不出時，然善男子不樂在家，自剃鬚髮，在閑靜之處，剋己自修，即於彼處，盡諸有漏，成無漏行。」

是時，阿難白佛言：「云何，世尊！彼人自修梵行、三乘之行，彼人何所趣向？」

佛告阿難：「如汝所言，吾恆說三乘之行。過去、將來三世諸佛，盡當說三乘之法。阿難當知：或有是時，衆生之類顏貌壽命，轉轉減少，形器瘦弱，無復威神，多諸瞋怒、嫉妒、恚癡、姦僞、幻惑，所行不真。或復有利根捷疾，展轉諍競，共相鬥訟；或以手拳、瓦石、刀杖，共相傷害。是時，衆生之類執草便成刀劍，斷斯命根。其中衆生，行慈心者無有瞋怒，見此變怪，皆懷恐懼，悉共馳走，離此惡處，在山野之中，自然剃除鬚髮，著三法衣，修無上梵行，剋己自修，盡有漏心而得解脫，便入無漏境，各各自相謂言：『我等已勝怨家。』阿難當知：彼名為最勝。」

是時，阿難復白佛言：「彼人為在何部？聲聞部？辟支佛部？為佛部耶？」

佛告阿難：「彼人當名正在辟支佛部。所以然者，此人皆由造諸功德，行衆善本，修清淨四諦，分別諸法。夫行善法者，即慈心是也。所以然者，履仁行慈，此德廣大。吾昔日著此慈仁之鎧，降伏魔官屬，坐樹王下，成無上道。以此方便，知慈最第一，慈者最勝之法也！阿難當知：故名爲最勝，行慈心者，其德如是，不可稱計。當求方便，修行慈心。如是，阿難！當作是學！」

爾時，阿難聞佛所說，歡喜奉行！

【增壹阿含經卷第四十二】

結禁品第四十六

◉四一六

聞如是：

一時，佛在舍衛國祇樹給孤獨園。

爾時，世尊告諸比丘：「其有修行十想者，便盡有漏，獲通作證，漸至涅槃。云何爲十？所謂白骨想、青瘀想、膖脹想、食不消想、血想、噉想、有常無常想、貪食想、死想、一切世間不可樂想。是謂，比丘！修此十想者，得盡有漏，得至涅槃界。又是，比丘！十想之中，一切世間不可樂想最爲第一。所以然者，其有修行不可樂想，持信奉法，此二人必越次取證。是故，比丘！若在樹下靜處露坐，當思惟此十想。是故，比丘！當作是學！」

爾時，諸比丘聞佛所說，歡喜奉行！

◉四一七

聞如是：

一時，佛在舍衛國祇樹給孤獨園。

爾時，有一比丘至世尊所，頭面禮足，在一面坐。爾時，彼比丘白世尊言：「如來今日與諸比丘說：『十想之法，其能修者，斷諸有漏，成無漏行。』如我，世尊！不堪任行此十想。所以然者，欲心多故，身意熾盛，不得寧息。」

爾時，世尊告彼比丘：「汝今當捨淨想，思惟不淨想；捨有常想，思惟無常想；捨有我想，思惟無我想，捨可樂想，思惟不可樂想。所以然者，若比丘思惟淨想，欲心便熾盛；若思惟不淨想，便無欲心。比丘當知：欲爲不淨，如彼屎聚；欲如鸜鵒，饒諸音響；欲無返復，如彼毒蛇；欲如幻化，如日消雪；當念捨欲，如棄塚間；欲還自害，如蛇懷毒；欲無厭患，如飲鹹水；欲難可滿，如海吞流；欲多可畏，如羅刹村；欲猶怨家，恆當遠離；欲猶少味，如蜜塗刀；欲不可愛，如路白骨；欲現外形，如廁生華；欲爲不真，如彼畫瓶，內盛醜物，外見特殊；欲無牢固，亦如聚沫。是故，比丘！當念遠離貪欲之想，思惟不淨之想。汝今，比丘！當憶昔迦葉佛所奉行十想，今當重思惟十想，有漏心便解脫。」

爾時，彼比丘悲泣墮淚不能自止，即時頭面禮佛，白世尊言：「唯，世尊！愚惑積久，如來躬自說十想，方欲遠離。今自懺悔，後更不犯！唯願如來受其重過，原恕不及！」

佛告比丘：「聽汝改過，勿復更犯！又如來與汝說十想而不肯奉持。」

是時，彼比丘聞世尊教誡已，在閑靜之處，剋己思惟，所以族姓子，剃除鬚髮，著三法衣，修無上梵行者，欲昇其所願：生死已盡，梵行已立，所作已辦，更不復受胎，如實知之。爾時，彼比丘便成阿羅漢。

爾時，諸比丘聞佛所說，歡喜奉行！

結禁．聖賢居，二力及十念，
親國．無罣礙，十輪．想．觀想。

【增壹阿含經卷第四十三】

善惡品第四十七

◉四一八

聞如是：

一時，佛在舍衛國祇樹給孤獨園。

爾時，世尊告諸比丘：「若有衆生奉行十法，便生天上；又行十法，便生惡趣；又行十法，入涅槃界。」

「云何修行十法，生惡趣中？於是，有人殺生、盜劫、淫泆、妄言、綺語、惡口、兩舌鬥亂彼此、嫉妬、瞋恚、興起邪見，是謂十法。其有衆生行此十法，入惡趣中。」

「云何修行十法，得生天上？於是，有人不殺，不盜，不淫，不妄言、綺語、惡口、不兩舌鬥亂彼此，不嫉妬、恚害、興起邪見。若有人行此十法者，便生天上。」

「云何修行十法，得至涅槃？所謂十念，念佛、念法、念比丘僧、念天、念戒、念施、念休息、念安般、念身、念死，是謂修行十法，得至涅槃。比丘當知：其生天及惡趣者，當念捨離；其十法得至涅槃者，善修奉行。如是，比丘！當作是學！」

爾時，諸比丘聞佛所說，歡喜奉行！

◉四二一

聞如是：

一時，佛在舍衛國祇樹給孤獨園。

爾時，衆多比丘食後皆集普會講堂，咸共論說此義，所謂論者：衣裳、服飾、飲食之論，鄰國、賊寇、戰鬥之論，飲酒、淫泆、五樂之論，歌舞、戲笑、妓樂之論，如此非要，不可稱計。

爾時，世尊以天耳聽聞諸比丘各作是論，即往至普會講堂所，問諸比丘：「汝等集此欲何所論說？」

是時，諸比丘白世尊言：「我等集此共論此不要事。」

是時，佛告諸比丘曰：「止！止！比丘！勿作此論。所以然者，此論非義，亦無善法之趣。不由此論得修梵行，不得滅盡涅槃之處，不得沙門平等之道，此皆俗論，非正趣之論。汝等已離俗修道，不應思惟敗行之論。汝等設欲論者，當論十事功德之論。云何爲十？若精勤比丘；少欲、知足、有勇猛心、多聞能與人說法、無畏無恐、戒律具足、三昧成就、智慧成就、解脫成就、解脫見慧成就。汝等設欲論者，當論此十事。所以然者，潤及一切，多所饒益，得修梵行，得至滅盡無爲之處，涅槃之要也。汝今族姓子已出家學道，應當思惟此十事。此論者，正法之論，去離惡趣。如是，比丘！當作是學！」
爾時，諸比丘聞佛所說，歡喜奉行！

◉四二六

聞如是：
一時，佛在羅閱城迦蘭陀竹園所，與大比丘衆五百人俱。
時，尊者大均頭在靜寂之處，與此念想：諸前後中央之見，云何得知？爾時，大均頭到時，著衣持鉢，到世尊所，頭面禮足，在一面坐。爾時，均頭白世尊言：「今此諸見，前後相應，云何得滅此見？又使餘者不生？」
世尊告曰：「於是，均頭！此見所出與所滅之處，皆是無常、苦、空。均頭知之，當建此意。夫見之法六十二種，要當住十善之地，除去此見。云何爲十？於是，均頭！他好殺生，我等應當不殺；他好盜，我不盜；他犯梵行，我行梵行；他妄語，我不行妄語；他行兩舌鬥亂彼此、綺語、惡口、嫉妒、恚、邪見，我行正見。

「均頭當知：如從惡道得值正道，如從邪見得至正見，迴邪就正，猶如有人自己没溺，復欲渡人者，終無此理。己未滅度，欲使他人滅度者，此事不然。如有人自不没溺，便能渡人，可有此理。今亦如是，自般涅槃，復使他人取滅度者，可有此理。是故，均頭當念：離殺，不殺滅度；離盜，不盜滅度；離淫，不淫滅度；離妄語，不妄語滅度；離綺語，不綺語滅度；離麁言，不麁言滅度；離鬥亂彼此，不鬥亂彼此滅度；離嫉妒，不嫉妒滅度；離恚，不恚滅度；離邪見，得正見滅度。

「均頭當知：若凡夫之人便生此念：『為有我耶？為無我耶？有我無我耶？世有常耶？世無常耶？世有邊耶？世無邊耶？命是身耶？為命異身異耶？如來死耶？如來不死耶？為有死耶？為無死耶？為誰造此世？』生諸邪見：『為是梵天造此世？為是地主施設此世？又梵天造此衆生，地主造此世間；衆生本無今有，已有便滅。』凡夫之人無聞、無見，便生此念。」

爾時，世尊便說此偈：

自然有梵天，此是梵志語；
此見不真正，如彼之所見：
我主生蓮華，梵天於中出；
地主生梵天，自生不相應。
地主剎利種，梵志之父母；
云何剎利子，梵志還相生？
尋其所生處，諸天之所說；
此是歎譽言，還自著羇難。
梵天生人民，地主造世間；
或言餘者造，此語誰者審？
恚欲之所惑，三事共合集；
心不得自在，自稱我世勝。

天神造世間，亦非梵天生；
設復梵天造，此非虛妄耶？
尋跡遂復多，審諦方言虛；
其行各各異，此行不審實。

「均頭當知：眾生之類所見不同，其念各異。此諸見者皆是無常，其有懷抱此見，則是無常變易之法。若他人殺生，我等當離殺生；設他盜者，當遠離之；不習其行，專其心意，不使錯亂，思惟挍計，邪見所興，乃至十惡之法皆當去離，不習其行。若他瞋恚，我等學於忍辱；他人懷嫉妒，我當捨離；他興憍慢，我念捨離；若他自稱、毀餘人，我等不自稱、不毀他人；他人不少欲，我等當學少欲；他人犯戒，我修其戒；他人有懈怠，我當精進；他人不行三昧，我行三昧。當作是學！他人愚惑，我行智慧。其能觀察分別其法者，邪見消滅，餘者不生。」

是時，均頭受如來教已，在閑靜之處，思惟挍計，所以族姓子，出家學道，著三法衣，修無上梵行；生死已盡，梵行已立，所造已辦，更不復受有，如實知之。是時，均頭便成阿羅漢。

爾時，均頭聞佛所說，歡喜奉行！

【增壹阿含經卷第四十四】

十不善品第四十八

◉四三三

聞如是：

一時，佛在羅閱城迦蘭陀竹園所，與大比丘衆五百人俱。

爾時，尊者舍利弗在耆闍崛山中屏猥之處，補衲故衣。爾時，有十千梵迦夷天從梵天沒，來至舍利弗所，頭面禮足，各圍遶侍焉。又以此偈而歎頌曰：

歸命人中上，歸命人中尊；我等今不得，爲依何等禪？

是時，十千梵迦夷天說此語已，舍利弗默然可之。爾時，諸天以見舍利弗默然可已，即禮足退去；諸天去未遠，舍利弗即入金剛三昧。

是時，有二鬼，一名伽羅，二名優婆伽羅。毗沙門天王使遣至毗留勒天王所，欲論人、天之事，是時，二鬼從彼虛空而過，遙見舍利弗結跏趺坐，繫念在前，意寂然定。伽羅鬼謂彼鬼言：「我今堪任以拳打此沙門頭。」

優波伽羅鬼語第二鬼曰：「汝勿興此意打沙門頭。所以然者，此沙門極有神德，有大威力，此尊名舍利弗，世尊弟子中聰明高才無復過是，智慧弟子中最爲第一。備於長夜，受苦無量。」

是時，彼鬼再三曰：「我能堪任打此沙門頭」

優波伽羅鬼報曰：「汝今不隨我語者，汝便住此，吾欲捨汝去此。」

惡鬼曰：「汝畏此沙門乎？」

優波伽羅鬼曰：「我實畏之，設汝以手打此沙門者，此地當分爲二分。正爾，當暴風疾雨，地亦振動，諸天驚動。地已振動，四天王亦當驚怖；四天王已知於我等，不安其所。」

是時惡鬼曰：「我今堪任辱此沙門。」善鬼聞已，便捨而去。

時，彼惡鬼即以手打舍利弗頭。是時，天地大動，四面有暴風疾雨，尋時來至，地即分爲二分，此惡鬼即以全身墮地獄中。爾時，尊者舍利弗即從三昧起，整衣服，下耆闍崛山，往詣竹園至世尊所，頭面禮足，在一面坐。

爾時，佛告舍利弗曰：「汝今身體無有疾病乎？」

舍利弗言：「體素無患，唯苦頭痛。」

世尊告曰：「伽羅鬼以手打汝頭，若當彼鬼以手打須彌山者，即時須彌山便爲二分。所以然者，彼鬼有大力故，今此鬼受其罪報故，全身入阿鼻地獄中。」

爾時，世尊告諸比丘：「甚奇！甚特！金剛三昧力乃至於斯！由此三味力故無所傷害。正使須彌山打其頭者，終不能動其毫毛。所以然者，比丘聽之：於此賢劫中有佛，名拘屢孫如來、至真、等正覺，彼佛有二大聲聞：一名等壽，二名大智。比丘等壽，神足第一，比丘大智，智慧第一，如我今日舍利弗智慧第一，目乾連神足第一。爾時，等壽、大智二比丘，俱得金剛三昧。當於一時，等壽比丘在閑靜之處，入金剛三昧。時，諸牧牛人、牧羊人、取薪草人，見此比丘坐禪，各各自相謂言：『此沙門今日以取無常。』是時，牧牛人及取薪人集諸草木，積比丘身上，以火燒已，而捨之去。

「是時，等壽比丘即從三昧起，正衣服，便退而去。是時，比丘即以其日，著衣持鉢，入村乞食。時，諸取薪草人見此比丘村中乞食，各各自相謂言：『此比丘昨日已取命終，我等以火焚燒，今日復還活。今當立字，字曰還活。』若有比丘得金剛三昧者，火所不燒，刀斫不入，水所不漂，不爲他所中傷。如是，比丘！金剛三昧威德如是。今舍利弗得此三昧。舍利弗比丘多遊二處：空三昧、金剛三昧。是故，諸比丘！當求方便，行金剛三昧。如是，比丘！當作是學。」

爾時，世尊告諸比丘：「我當教汝：如舍利弗比丘，智慧、大智、分別智，廣智、無邊智，捷疾之智、普遊智、利智、甚深智、斷智、少欲知足、閑靜勇猛、念不分散、戒成就、三昧成就、智慧成就，解脫見慧成就、柔和無爭、去惡辯了、忍諸言語、歎說離惡、常念去離、愍念生萌、然熾正法、與人說法無有厭足。」爾時，世尊便說此偈：

十千諸天人，盡是梵迦夷；自歸舍利弗，於靈鷲山頂。
歸命人中上，歸命人中尊；我今不能知，爲依何等禪？
如是弟子花，莊嚴佛道樹；如天晝度園，快樂無有比。

弟子華者，即是舍利弗比丘是。所以然者，此人則能莊嚴佛樹；道樹者，即如來是也；如來能覆蓋一切衆生。是故，比丘！當念勤加勇猛精進，如舍利弗比丘，如是！比丘，當作是學！」

爾時，諸比丘聞佛說，歡喜奉行！

放牛品第四十九

【增壹阿含經卷第四十六】

◉四三五

聞如是：

一時，佛在舍衛國祇樹給孤獨園。

爾時，世尊告諸比丘：「若比丘成就十一法者，必能有所成長。云何為十一？於是，比丘！戒成就、三昧成就、智慧成就、解脫成就、解脫見慧成就、諸根寂靜、飲食知止足、恆修行共法、亦知其方便、分別其義、不著利養。如是，比丘！若成就此十一法者，堪任長養。所以然者，一切諸行正有十一法。」

爾時，阿難白世尊言：「何以故，正有十一法無有出者？云何爲十一？」

「所謂阿練若：乞食，一處坐，一時食，正中食，不擇家食，守三衣，坐樹下，露坐閑靜之處，著補衲衣，若在塚間。是謂，比丘，有人成就此十一法，便能有所至。我今復重告汝，若有人十一年中學此法，即於現身成阿那含，轉身便成阿羅漢。諸比丘！且捨十一年，若九、八、七、六、五、四、三、二、一年學此法者，便成二果：若阿那含、若阿羅漢。且捨十二月，若能一月之中修行其法，彼比丘必成二果：若阿那含、若阿羅漢。所以然者，十二因緣皆出十一法中，所謂生、老、病、死、愁、憂、苦、惱。」

「我今教諸比丘，當如迦葉比丘之比，設有人行謙苦之法，此行難及。所以然者，迦葉比丘成就此十一法，當知過去多薩阿竭成等正覺，亦成就此十一苦法。今迦葉比丘，皆愍念一切衆生，若供養過去諸聲聞，後身方當乃得受報；設供養迦葉者，現身便受其報；設我不成無上等正覺，後當由迦葉成等正覺。由此因緣故，迦葉比丘勝過去諸聲聞，其能如迦葉比丘者，此則上行。如是，比丘！當作是學！」

爾時，諸比丘聞佛所説，歡喜奉行！

◉四三八

聞如是：

一時，佛在舍衛國祇樹給孤獨園。

爾時，世尊告諸比丘：「今當説因緣之法，善思念之，修習其行。」

諸比丘白佛言：「唯然，世尊！」爾時，諸比丘從佛受教。

世尊告曰：「彼云何名爲因緣之法？所謂無明緣行，行緣識，識緣名色，名色緣六入，六入緣更樂，更樂緣痛，痛緣愛，愛緣受，受緣有，有緣生，生緣死，死緣憂、悲、苦、惱，不可稱計，如是成此五陰之身。

「彼云何名為無明？所謂不知苦，不知集，不知盡，不知道，此名為無明。

「彼云何名為行？所謂行者有三種。云何為三？所謂身行、口行、意行，是謂為行。

「彼云何名為識？所謂六識身是也。云何為六？所謂眼、耳、鼻、舌、身、意識，是謂為識。

「云何名為名？所謂名者，痛、想、念、更樂、思惟，是為名。

「彼云何為色？所謂四大身及四大身所造色，是謂名為色，色異、名異，故曰名色。

「彼云何六入？內六入。云何為六？所謂眼、耳、鼻、舌、身、意入，是謂六入。

「彼云何名為更樂？所謂六更樂身。云何為六？所謂眼、耳、鼻、舌、身、意更樂，是謂名為更樂。

「彼云何為痛？所謂三痛。云何為三？所謂樂痛、苦痛、不苦不樂痛，是謂名為痛。

「彼云何名為愛？所謂三愛身是也。欲愛、有愛、無有愛，是謂為愛。

「云何為受受？所謂四受是。云何為四？所謂欲受、見受、戒受、我受，是謂四受。

「彼云何為有？所謂三有。云何為三？欲有、色有、無色有，是名為有。

「彼云何為生？所謂生者，等具出處，受諸有，得五陰，受諸入，是謂為生。

「彼云何為老？所謂彼彼眾生，於此身分，齒落髮白，氣力劣竭，諸根純熟，壽命日衰，無復本識，是謂為老。

「云何為死？所謂彼彼眾生，展轉受形，身體無煴，無常變易，五親分張，捨五陰身，命根斷壞，是謂為死。比丘當知：故名為老、病、死，此名爲因緣之法，廣分別其義。諸佛如來所應施行起大慈哀，吾今已辦。當念在樹下露坐，若在冢間，當念坐禪，勿懷恐難。今不精勤，後悔無益！」

爾時，阿難白世尊言：「如來與諸比丘說甚深緣本，然我觀察無甚深之義。」

世尊告曰：「止！止！阿難！勿興此意。所以然者，十二因緣者極爲甚深，非是常人所能明曉。我昔未覺此因緣法時，流浪生死，無有出期。又復，阿難！不但今日汝言因緣不甚深，昔日已來言不甚深也。所以然者，乃昔過去世時，有須焰阿須倫王竊生此念：欲捉日月。出大海水，化身極大，海水齊腰。

「爾時，彼阿須倫王有兒名拘那羅，自白其父：『我今欲於海水沐浴。』須焰阿須倫報曰：『莫樂海水中浴。所以然者，海水極深且廣，終不堪住海水中浴。』時，拘那羅白言：『我今觀水齊大王腰。何以故復言甚深？』是時，阿須倫王即取兒著大海水中。爾時，阿須倫兒足不至水底，極懷恐怖。爾時，須焰告其子曰：『我先敕汝，海水甚深，汝言無苦。唯我能在大海水洗浴，非汝所能洗浴。』

「爾時須焰阿須倫者，豈異人乎？莫作是觀。所以然者，須焰者即我身是也。爾時阿須倫兒，即汝身是也。爾時海水甚深，汝言無苦，今復言十二因緣甚深之法，汝復言無是甚深。其有衆生不解十二緣法，流轉生死，無有出期。皆悉迷惑，不識行本，於今世至後世，從後世至今世，永在五惱之中，求出甚難。我初成佛道，思惟十二因緣，降伏魔官屬，以除無明而得慧明，諸闇永除，無塵垢。又我，阿難！三轉十二說此緣本時，即成覺道。以此方便，知十二緣法極爲甚深，非常人所能宣暢。如是，阿難！當念甚深，奉持此十二因緣之法。當念作是學！」

爾時，阿難聞佛所說，歡喜奉行！

【增壹阿含經卷第四十八】

禮三寶品第五十

◉四四五

聞如是：

一時，佛在舍衛國祇樹給孤獨園。

爾時，世尊告諸比丘：「若善男子、善女人欲行禮法，當念十一事，然後禮法。云何名爲十一？有慢當除慢；夫正法者，於欲而除渴愛想；夫正法者，於欲而除欲；夫正法能斷生死淵流；夫行正法獲平等法；然此正法斷諸惡趣；尋此正法得至善處；夫正法者，能斷愛綱；行正法者，從有至無；行正法者，明靡不照；夫正法者，至涅槃界。若善男子、善女人欲行禮法，當思惟此十一法，然後便獲福無量，長夜之中受福無限。如是，比丘！當作是學！」

爾時，諸比丘聞佛所說，歡喜奉行。

◉四五〇

聞如是：

一時，佛在舍衛國祇樹給孤獨園。

爾時，世尊告諸比丘：「依雪山上有大高廣之樹，五事長大。云何爲五？根不移動，皮極厚大，枝節遠蔭，靡所不覆，葉極茂盛。是謂，比丘！依雪山上有此大樹極爲俊好。今善男子、善女人亦復如是，依豪族之處，五事長益。云何爲五？所謂信長益、戒長益、聞長益、施長益、慧長益。是謂，比丘！信善男子、善女人依豪族家，成就此五事。是故，比丘！當求方便，成就信、戒、聞、施、智慧。」

爾時，世尊便說斯偈：

猶如雪山樹，五事功德成；根皮枝節廣，陰葉極茂盛。
有信善男女，五事功德成；信戒聞惠施，智慧遂增益。

「如是，比丘！當作是學！」

爾時，諸比丘聞佛所說，歡喜奉行！

非常品第五十一

【增壹阿含經卷第四十九】

◉四五四

聞如是：

一時，佛在舍衛國祇樹給孤獨園。

爾時，世尊告諸比丘：「云何，比丘！汝等流轉生死，經歷苦惱，於中悲號涕泣，淚出爲多耶？爲恒水多乎？」

爾時，諸比丘前白佛言：「我等觀察如來所說義，經歷生死，涕泣之淚，多於恆水。」

佛告比丘：「善哉！善哉！諸比丘！如汝所說無有異，汝等在生死，淚多於恆水。所以然者，於生死中亦更父母終亡，於中墮淚不可稱計。長夜之中，父兄、姊妹、妻子、五親，及諸恩愛，追慕悲泣不可稱計。是故，比丘！當厭患生死，去離此法。如是，比丘！當作此學！」

當說此法時，六十餘比丘漏盡意解。

爾時，諸比丘聞佛所說，歡喜奉行！

◉四五五

聞如是：

一時，佛在舍衛國祇樹給孤獨園。

爾時，世尊告諸比丘：「云何，比丘！汝等在生死中，身體毀壞，流血多耶？爲恆水多乎？」

爾時，諸比丘白佛言：「如我等觀察如來所說者，流血多於恆水。」

佛告諸比丘：「善哉！善哉！比丘！如汝所說，流血多於恆水。所以然者，在生死中，或作牛、羊、豬、犬、鹿、馬、鳥、獸，及餘無數所經歷苦惱，實可厭患，當今捨離。如是，比丘！當作是學！」

爾時，世尊說是法時，六十餘比丘漏盡意解。

爾時，諸比丘聞佛所說，歡喜奉行！

◉四五九

聞如是：

一時，佛在舍衛國祇樹給孤獨園。

爾時，世尊告諸比丘：「寧常眠寐，不於覺寤之中思惟亂想，身壞命終，生於惡趣。寧以火燒鐵錐而烙於眼，不以視色興起亂想。興想比丘爲識所敗；此丘已爲識所敗，必當趣三惡道：地獄、畜生、餓鬼。

「今我所以說者何？彼人寧常睡眠，不於覺寤之中思惟亂想；寧以利錐刺壞其耳，不以聽聲興起亂想。興想比丘爲識所敗，寧恆睡眠，不於覺寤起於亂想。

「寧以熱鉗壞其鼻根，不以聞香興起亂想。興想比丘爲識所敗；已爲識所敗，便墮三惡趣：地獄、畜生、餓鬼。我所說者，正謂此耳！

「寧以利劍截斷其舌，不以惡言、麁語墮三惡趣：地獄、畜生、餓鬼。寧常睡眠，不於覺寤興起亂想。

「寧以熱銅葉纏裹其身，不共長者、居士、婆羅門女共相交接；設與交接言語往返者，必墮三惡趣：地獄、畜生、餓鬼。我所說者，正謂此耳！

「寧恆睡眠，不以覺寤意有所念，欲壞聖衆；已壞聖衆，墮五逆罪，億千諸佛終不療救。夫鬥亂衆者，必當墮不救之罪。是故，我今說寧常睡眠，不於覺寤意有所念，欲壞聖衆，受無救之罪。是故，比丘！當將護六情，無令漏失。如是，比丘！當作是學！」

爾時，諸比丘聞佛所說，歡喜奉行！

【增壹阿含經卷第五十】

大愛道般涅槃品第五十二

◉四六四

聞如是：

一時，佛在毗舍離普會講堂所，與大比丘衆五百人俱。

爾時，大愛道遊於毗舍離城高臺寺中，與大比丘尼衆五百人俱，皆是羅漢，諸漏已盡。爾時，大愛道聞諸比丘說：「如來不久當取滅度，不過三月，當在拘夷那竭娑羅雙樹間。」爾時，大愛道便作是念：我不堪任見如來取滅度，亦復不堪任見阿難取滅度，我今宜可先取滅度。

爾時，大愛道便往至世尊所，頭面禮足，在一面坐。爾時，大愛道前白佛言：「我聞世尊不久當取滅度，卻後不過三月，在拘夷那竭娑羅雙樹間。我今不堪見世尊及阿難取滅度也，唯願世尊聽我先取滅度！」爾時，世尊默然可之。

爾時，大愛道重白佛言：「自今已後，唯願世尊與諸比丘尼說戒！」佛告之曰：「我今聽比丘尼，還與比丘尼說禁戒。如我本所施行禁戒，無令差錯。」

爾時，大愛道前禮佛足，在佛前立。爾時，大愛道復白佛言：「我今更不見如來顏色，亦不見將來諸佛，不受胞胎，永處無爲，今日違離聖顏，永更不睹。」

時，大愛道繞佛七匝，亦復繞阿難七匝，盡繞諸比丘衆，卻退而去。還諸比丘尼衆中，告諸比丘尼曰：「我今欲入無爲涅槃界。所以然者，如來不久當取滅度。汝等各宜隨所行。」

爾時，差摩比丘尼、優鉢色比丘尼、基利施比丘尼、舍仇梨比丘尼、奢摩比丘尼、鉢陀蘭遮比丘尼、婆羅遮羅比丘尼、迦旃延比丘尼、闍耶比丘尼，及五百比丘尼，往至世尊所，在一面立。爾時，五百比丘尼，差摩比丘尼最爲上首，而白佛言：「我等諸人聞如來不久當取滅度。我等不忍見世尊及阿難先取滅度，唯願世尊聽我等先取滅度！我等今取涅槃，正是其宜。」爾時，世尊默然可之。時，差摩比丘尼及五百比丘尼見世尊默然可之，前禮佛足，繞三匝便退而去，還諸本房。

時，大愛道閉講堂門，擊犍椎，於露地敷坐具，騰在虛空，於虛空中坐臥經行，或出火焰，身下出煙，身上出火；身下出水，身上出煙；舉身放焰，舉身放煙；左脅出水，右脅出火；右脅出水，左脅出火；前出火，後出水；前出水，後出火；舉身出火，舉身出水。

爾時，大愛道作若干變化，還在本座，結跏趺坐，正身正意，繫念在前，而入初禪；從初禪起而入二禪；從第二禪起而入第三禪；從三禪起入第四禪；從第四禪起入空處；從空處起入識處；從識處起入不用處；從不用處起入有想無想處；從有想無想處起入想知滅；從想知滅起還入有想無想處；從有想無想起入不用處；從不用處起還入識處；從識處起還入空處；從空處起還入第四禪；從第四禪起還入三禪；從三禪起入二禪中；從二禪起還入初禪；從初禪起入二禪；從二禪起還入三禪；從三禪起還入四禪；已入四禪便取滅度。

爾時，天地大動，東踊西没，西踊東没，四邊都踊中央没，又四面涼風起，諸天在空作倡伎樂，欲界諸天涕零悲泣，猶如春月天降甘雨，神妙之天雜碎優鉢華香，又雜碎旃檀而散其上。

爾時，差摩比丘尼、優鉢色比丘尼、基梨施瞿曇彌比丘尼、舍瞿離比丘尼、奢摩比丘尼、鉢陀蘭遮羅比丘尼、婆羅遮羅比丘尼、迦旃延比丘尼、闍耶比丘尼，如此上首五百比丘尼等，各各於露地敷坐，飛在虛空，於虛空之中坐臥經行，作十八變，乃至入想知滅，各取滅度。

爾時，毗舍離城内有大將名曰耶輸提，將五百童子集普會講堂有所講說。時，耶輸提及五百童子遙見五百比丘尼作十八變，見已，歡喜踊躍無量，各共叉手而向彼所。爾時，世尊而告阿難曰：「汝往至耶輸提大將所，而告之曰：『速辦五百床具、五百坐具、五百瓶酥、五百瓶油、五百輿花、五百裹香、五百車薪。』」

爾時，阿難前白佛言：「不審世尊欲何施為？」

佛告之曰：「大愛道已取滅度，及五百比丘尼泥洹，我等欲供養舍利。」

爾時，阿難悲泣交集，不能自勝：「大愛道取滅度何其速哉！」

爾時，阿難以手揮淚，便往至耶輸提大將所。

爾時，耶輸提遙見阿難來，皆起前迎，並作是說：「善來，阿難！欲何告敕？又行非常。」

爾時，阿難報曰：「我是佛使，欲有所告敕。」

時，大將咸共問曰：「欲何所告敕？」

阿難報曰：「世尊告大將曰：『當辦五百床具、五百坐具、五百瓶酥、五百瓶油、五百輿花、五百裹香、五百車薪，大愛道及五百比丘尼皆取滅度，我等往供養舍利。』」

爾時，大將悲泣交集，而作是說：「大愛道取滅度何其速哉！及五百比丘尼取滅度甚爲速哉！誰當教授我等，教化分檀布施？」

爾時，耶輸提大將即辦五百床具、五百坐具、五百瓶油、酥、薪，及諸耶維之具，往至世尊所，頭面禮足，在一面立。爾時，耶輸提大將白世尊言：「如來所約敕，供養之具今日已辦。」

佛告曰：「汝今各取大愛道身及五百比丘尼身，出毗舍離到曠野之處，吾欲於彼供養舍利。」

耶輸提大將白佛言：「唯然，世尊！」

是時，長者即往至大愛道等所，告一人曰：「汝今施梯，登牆入內，徐開門，無令有聲。」

是時，彼人如彼教敕即入開門。復敕五百人各舉舍利著于床上。爾時，有二沙彌尼在，一名難陀，二名優般難陀。是時，二沙彌尼語大將曰：「止！止！大將！勿觸擾諸師。」

耶輸提大將報曰：「汝師不為睡眠，皆取滅度。」

爾時，二沙彌聞諸師皆取滅度，心懷恐怖，即自思惟，觀有集之法皆是盡法，即於坐處得三明六通。爾時，二沙彌尼即飛在虛空中，先至曠野中作十八變，坐臥經行，身出水火，變化無量，即於無餘涅槃界而取般涅槃。

爾時，世尊將諸比丘僧，前後圍遶，往至大愛道比丘尼寺中。爾時，世尊告阿難、難陀、羅云：「汝等舉大愛道身，我當躬自供養。」

是時，釋提桓因知世尊心中所念，即從三十三天上，譬如力士屈伸臂頃來至毗舍離，到世尊所，頭面禮足，在一面立。其中漏盡比丘皆見釋提桓因及三十三天，其不漏盡有欲比丘及比丘尼、優婆塞、優婆夷未漏盡者，亦不見釋提桓因及三十三天。

爾時，梵天王遙知如來心中所念，將諸梵天從梵天上沒，來至世尊所，頭面禮足，在一面立。

爾時，毗沙門天王知世尊心中所念，將諸閱叉、鬼神到如來所，頭面禮足，在一面立。

爾時，提地賴吒天王將諸乾沓和，從東方來至如來所，頭面禮足，在一面立。毗婁勒叉天王將諸無數拘槃茶，從南方來至世尊所，頭面禮足，在一面立。毗婁波叉天王將諸龍神來至如來所，頭面禮足，在一面立。及欲界、色界、無色界諸天，各各知如來心中所念，來至世尊所，頭面禮足，在一面立。

爾時，釋提桓因、毗沙門天王前白佛言：「唯願世尊勿自勞神，我等自當供養舍利！」

佛告諸天：「止！止！天王！如來自當知時，此是如來所應修行，非是天、龍、鬼神所及也。所以然者，父母生子多有所益，長養恩重，乳哺懷抱，要當報恩，不得不報恩。然諸天當知：過去諸佛世尊所生母先取滅度，然後諸佛世尊皆自供養虵旬舍利，正使將來諸佛世尊所生之母先取滅度，然後諸佛皆自供養。以此方便，知如來應自供養，非天、龍、鬼神所及也。」

爾時，毗沙門天王告五百鬼曰：「汝等往至旃檀林中，取香薪來，當供養虵旬。」時，五百鬼聞天王語已，即往至旃檀林中，取旃檀薪來至曠野之間。

是時，世尊躬自舉床一腳，難陀舉一腳，羅云舉一腳，阿難舉一腳，飛在虛空，往至彼冢間；其中四部之衆：比丘、比丘尼、優婆塞、優婆夷，舉五百比丘尼舍利至於冢間。爾時，世尊告耶輸提大將曰：「汝今更辦二床具、二坐具、二車薪、香花供養二沙彌尼身。」

耶輸提大將白佛言：「唯然，世尊！」尋時，即辦供養之具。

爾時，世尊以旃檀木各傳與諸天。是時，世尊復告大將曰：「汝今各取五百舍利，各分別而供養之。二沙彌亦復使然。」

時，大將受佛教已，各各分別而取供養，即取虵旬。爾時，世尊復以旃檀木著大愛道身上。

爾時，世尊便說斯偈：

一切行無常，生者必有盡；不生則不死，此滅爲最樂！

爾時，諸天、人民皆悉雲集在於冢間，天、人大衆十億姟那術。時，大將火滅已，復取舍利而起偷婆。

佛告大將曰：「汝今取五百比丘尼舍利與起偷婆，長夜之中受福無量！所以然者，世間有四人起於偷婆。云何爲四？若有人與如來、至真、等正覺起於偷婆，與轉輪聖王，與辟支佛及如來弟子，漏盡阿羅漢與起偷婆者，受福無量！」爾時，世尊與諸天、人民說微妙之法，勸令歡喜。爾時，天與人有一億，諸塵垢盡，得法眼淨。

爾時，諸天、人民、乾沓和、阿須輪、四部之衆聞佛所說，歡喜奉行！

◉四七一

聞如是：

一時，佛在舍衛國祇樹給孤獨園。

爾時，波斯匿王殺庶母百子，即懷變悔：「我造惡源，極爲甚多，復用此爲由王位故，殺此百人，誰能堪任除我愁憂？」波斯匿王復作是念：唯有世尊能去我憂耳！時復作斯念：我今不宜懷此愁憂，默然至世尊所，當駕王威至世尊所。時波斯匿王告羣臣曰：「汝等催駕寶羽之車，如前王法，欲出舍衛城，親近如來。」

羣臣聞王教已，即時嚴駕羽寶之車，即來白王言：「嚴駕已訖，王知是時。」

時，波斯匿王即乘羽寶車，椎鍾鳴鼓，懸繒幡蓋，人從皆著鎧器，諸臣圍遶出舍衛城，往至祇洹。步入祇洹精舍，如前王法，除五威儀：蓋、天冠、拂、劍、履屣，盡捨之。至世尊所，頭面布地，復以手摩如來足，並自陳啓：「我今悔過，改往修來，愚惑不別真僞，殺庶母百子，王威力故。今來自悔，唯願納受！」

佛告王曰：「善哉！大王！還就本位，今當說法。」

波斯匿王即從座起，禮世尊足，還詣本位。

佛告王曰：「命極危脆，極壽不過百年，所出無幾。人壽百年，計三十三天一日一夜；計彼日夜三十日爲一月，十二月爲一歲，彼三十三天正壽千歲。計人中壽壽十萬歲，復計還活地獄中一日一夜；復計彼日夜三十日爲一月，十二月爲一歲，還活地獄中五千歲，或壽半劫，或壽一劫，隨人所作行。或有中夭者，計人中之壽百億之歲。智者恆念普修此行，復用此惡爲？樂少苦多，其殃難計。是故！大王！莫由己身、父母、妻子、國土、人民施行罪業，亦莫爲王身故而作罪本，猶如石蜜爲初甜後苦，此亦如是。於短壽之中何爲作惡？大王當知：有四大畏恆逼人身，終不可制約，亦復不可咒術、戰鬥、藥草所能抑折：生、老、病、死。亦如四大山從四方來，各各相就，摧壞樹木，皆悉磨滅，此四事者亦復如是。大王當知：若生來時，使父母懷憂、愁、苦、惱，不可稱計；若老來至無復少壯，壞敗形貌，支節漸緩；若病來至丁壯之年，無復氣力，轉轉命促；若死來至斷於命根，恩愛別離，五陰各散。是謂，大王！有此四大，皆不得自在。

「若復有人親近殺生，受諸惡原；若生人中，壽命極短。若人習盜，後生貧困，衣不蓋形，食不充口。所以然者，皆由取他財物故，故致斯變；若生人中受苦無量。若人淫他，後生人中，妻不貞良。

「若人妄語，後生人中，言不信用，爲人輕慢，皆由前世詐稱虛僞故。若人惡言，受地獄罪；若生人中，顏色醜陋，皆由前世惡言，故致斯報。若人綺語，受地獄罪；若生人中，家中不和，恆被鬥亂。所以然者，皆由前身所造之報。若人兩舌，鬥亂彼此，受地獄罪；若生人中，家不和，恆有諍訟，所以然者，皆由前世鬥亂彼此之所致也。

「若人喜憎嫉他，受地獄罪；若生人中，爲人所憎，皆由前世行本之所致也。若人興謀害之心，受地獄罪；若生人中，意不專定，所以然者，皆由前世興斯心故。若復有人習於邪見，受地獄罪；若生人中，聾盲瘖瘂，人所惡見，所由爾者，皆由前世行本所致也。

「是謂，大王！由此十惡之報，致斯殃舋，受無量苦，況復外者乎？

是故！大王！當以法治化，莫以非法；以理治民，亦莫非理。大王！諸以正法治民者，命終之後皆生天上。正使，大王！命終之後，人民追憶，終不忘失，名稱遠布。

「大王當知：諸以非法治化人民，死後皆生地獄中。是時，獄卒以五縛繫之，其中受苦不可稱量；或鞭、或縛、或捶，或解諸支節，或取火炙，或以鎔銅灌其身，或剝其皮，或以草著腹，或拔其舌，或刺其體，或鋸解其身，或鐵臼中擣，或輪壞其形，使走刀山劍樹，不令停息；抱熱銅柱，或挑其眼，或壞耳根，截手足、耳鼻，已截復生。復舉身形著大鑊中，復以鐵叉攪動其身，不令息住，復從鑊中出，生拔脊筋，持用治車；復使入熱炙地獄中，復入熱屎地獄中，復入刺地獄中，復入灰河地獄中，復入刀樹地獄中；復令仰臥以熱鐵丸使食之，腸胃五藏皆悉爛盡，從下而過，復以鎔銅而灌其口，從下而過，於中受苦惱，要當罪畢，然後乃出。如是，大王！衆生入地獄，其事如是，皆由前世治法不整之所致也。」

爾時，世尊便說斯偈：

百年習放逸，後故入地獄；斯竟何足貪？受罪難稱計。

是故，「大王！以法治化，自濟其身，父母、妻子、奴婢、親族將護國事。是故，大王！常當以法治化，勿以非法。人命極短，在世須臾間耳！生死長遠，多諸畏難。若死來至，於中呼哭，骨節離解，身體煩疼。爾時，無有救者，非有父母、妻子、奴婢、僕從、國土、人民所能救也。有此之難，誰堪代者？唯有布施、持戒、語常和悅，不傷人意，作衆功德，行諸善本。

爾時，世尊便說斯偈：

智者當惠施，諸佛所嘉歎；是故清淨心，勿有懈慢意。
爲死之所逼，受大極苦惱；至彼惡趣中，無有休息時。
若復欲來時，極受於苦惱；諸根自然壞，由惡無休息。
若醫師來時，合集諸藥草；不遍其身體，由惡無休息。
若復親族來，問其財貨本；耳亦不聞聲，由惡無休息。

若復移在地，病人臥其上；形如枯樹根，由惡無休息。
若復已命終，身命識已離；形如牆壁土，由惡無休息。
若復彼死屍，親族舉冢間；彼無可恃者，唯福可怙耳。

「是故！大王！當求方便，施行福業。今不爲者，後悔無益。」

爾時，世尊便說斯偈：

如來由福力，降伏魔官屬；今已逮佛力，是故福力尊。

「是故！大王！當念作福，爲惡尋當悔，更莫復犯。」

爾時，世尊便說斯偈：

雖爲極惡原，悔過漸復薄；是時於世間，根本皆消滅。

「是故！大王！莫由己身，修行其惡；莫爲父母、妻子、沙門、婆羅門，施行於惡，習其惡行。如是，大王！當作是學！」

爾時，世尊便說斯偈：

非父母兄弟，亦非諸親族；能免此惡者，皆捨歸於死。

「是故！大王！自今已後，當以法治化，莫以非法。如是，大王！當作是學！」

爾時，波斯匿王聞佛所說，歡喜奉行！

◉四七二

聞如是：

一時，佛在舍衛國祇樹給孤獨園。

爾時國王波斯匿夜夢見十事。王即覺悟，大用愁怖，懼畏亡國及身、妻、子。明日即召公卿、大臣、明智道士、婆羅門能解夢相者，悉來集會。王即爲說夜夢十事：「誰能解者？」

婆羅門言：「我能解之，恐王聞之，即當不樂。」

王言：「便說之。」

婆羅門言：「當亡國王及王太子、王妻。」

王言：「云何，諸人！寧可禳厭不耶？」

婆羅門言：「斯事可禳厭之；當殺太子及王所重大夫人、邊傍侍者、僕從、奴婢，並所貴大臣，以用祠天王；所有臥具、珍琦寶物，皆當火燒，以祠於天。如是，王身及國可盡無他。」

王聞婆羅門言，大用愁憂不樂，卻入齋室，思念此事。王有夫人名曰摩利，就到王所，問王意故：「何以愁憂不樂？妾身將有過於王耶？」

王言：「卿無過於我，但莫問是事。卿儻聞之，令汝愁怖！」

夫人答王：「不敢愁怖。」

王言：「不須問也，聞者愁怖！」

夫人言：「我是王身之半，有急緩當殺妾一人，王安隱不以爲怖，願王說之。」

王即爲夫人說：「昨夜夢見十事：『一者見三釜羅，兩邊釜滿，中央釜空，兩邊釜沸氣相交往，不入中央空釜中；二者夢見馬口亦食、尻亦食；三者夢見大樹生華；四者夢見小樹生果；五者夢見一人索繩，然後有羊，羊主食繩；六者夢見狐坐金床上，食以金器；七者夢見大牛還從犢子嗽乳；八者夢見黑牛羣，從四面吼鳴來，相趣欲鬥，當合未合，不知牛處；九者夢見大陂池水，中央濁，四邊清；十者夢見大溪水波流正赤。夢見已，即寤，大用惶怖，恐亡國及身、妻、子、人民，今召公卿、大臣、道人、婆羅門能解夢者。時，有一婆羅門言：『當殺王太子、所重夫人、大臣、奴婢，以祠於天。』以故致愁耳！」

夫人報言：「大王！莫愁夢，如人行買金，又以火燒，兼石上磨，好惡自現，今佛近在祇洹精舍，可往問佛，佛解說者可隨佛說。云何信此狂痴婆羅門語，以自愁苦，乃至於斯？」

王方喜寤，即召左右傍臣，速嚴駕車騎，王乘高蓋之車，乘騎侍從數千萬人，出舍衞城到祇洹精舍，下步到佛所，頭面禮足，長跪叉手，前白佛言：「昨夜夢見十事，願佛哀我，事事解說。」

佛告王曰：「善哉！大王！王所夢者，乃爲將來後世現瑞應耳！後世人民不畏禁法，普當淫泆；貪有妻息，放情淫媱，無有厭足，妬忌愚痴，不知慚，不知愧，貞潔見棄，佞諂亂國。王夢見三釜羅，兩邊釜滿，中央釜空，兩邊釜沸氣相交往，不入中央空釜中者，後世人民皆當不給足養親貧窮，同生不親近，反親他人，富貴相從，共相饋遺。王夢見一事，正爲此耳！

「正夢見馬口亦食，尻亦食，後世人民、大臣、百官、長吏、公卿，稟食於官，復食於民，賦斂不息，下吏作姦，民不得寧，不安舊土。王夢見二事，正爲此耳！」

「王夢見大樹生華，後世人民多逢驅役，心焦意惱，常有愁怖，年未滿三十，頭髮皓白。王夢見三事，正爲此耳！」

「王夢見小樹生果，後世女人年未滿十五便行求嫁，抱兒來歸，不知慚愧。王夢見四事，正爲此耳！」

「王夢見一人索繩後有羊，羊主食繩，末後世人夫婿行賈，或入軍征，遊洋街里，朋黨交戲，不肖之妻在家與男子私通栖宿，食飲夫財，快情恣欲，無有愧陋。夫亦知之，效人佯愚。王夢見五事，正爲此耳！

「王夢見狐上金床，食用金器，後世人賤者當貴，在金床上，坐食飲重味；貴族大姓當給走使，良人作奴婢，奴婢爲良人。王夢見六事，正謂此耳！」

「王夢見大牛還從犢子下嗽乳，後世人母，當爲女作媒，將他男子與共房室，母住守門，從得財物，持用自給活，父亦同情，佯聾不知。王夢見七事，正謂此耳！」

「王夢見黑牛從四面羣來，相趣鳴吼欲鬥，當合未合，不知牛處，後世人國王、大臣、長吏、人民，皆當不畏大禁，貪淫嗜欲，畜財貯產，妻子大小皆不廉潔，淫泆饕餮，無有厭極，嫉妬、愚痴，不知慚愧，忠孝不行，佞諂破國，不畏上下，雨不時節，氣不和適，風塵暴起，飛沙折木，蝗蟲嗷稼使茲不熟，帝王人民施行如此，故天使然，又現四邊起雲，帝王人民皆喜，各言：『雲以四合，今必當雨。』須臾之間雲各自散，故現此怪，欲使萬民改行，守善持戒，畏懼天地，不入惡道，貞廉自守，一妻一婦，慈心不怒。王夢見八事，正謂此耳！」

「王夢見大陂水，中央濁，四邊清，後世人在閻浮地內，臣當不忠，子當不孝，不敬長老，不信佛道，不敬明經道士，臣貪官賜，子貪父財，無有反復，不顧義理，邊國當忠孝，尊敬長老，信樂佛道，給施明經道士，念報反復。王夢見九事，正謂此耳！」

「王夢見大溪水流波正赤，後世人諸帝王、國王，當不厭其國，興師共鬥，當作車兵、馬兵，當相攻伐，還相殺害，流血正赤。王夢見十事，正謂是耳！盡皆爲後世人之事耳。後世人若能心存佛道，奉事明經道人者，死皆生天上；若作愚行，更共相殘者，死入三惡道，不可復陳。」

王即長跪，叉手受佛教，心中歡喜，得定慧，無復恐怖，王便稽首作禮，頭面著佛足：「還宮，重賜夫人，拜爲正后，多給財寶，資令施人，國遂豐樂。皆奪諸公卿、大臣、婆羅門俸祿，悉逐出國，不復信用。一切人民皆發無上正真之道。」王及夫人禮佛而去。

爾時，波斯匿王聞佛所說，歡喜奉行！

國家圖書館出版品預行編目資料

增壹阿含經選集／三藏瞿曇僧伽提婆翻譯. -- 初版.
-- 新北市：華夏出版有限公司, 2022.12
面； 公分. --（Sunny 文庫；104）
ISBN 978-986-5541-42-2（平裝）
1.阿含部

221.83 109019841

Sunny 文庫 104
增壹阿含經選集

翻 譯 三藏瞿曇僧伽提婆
印 刷 百通科技股份有限公司
電話：02-86926066 傳真：02-86926016
出 版 華夏出版有限公司
220 新北市板橋區縣民大道 3 段 93 巷 30 弄 25 號 1 樓
電話：02-32343788 傳真：02-22234544
E-mail： pftwsdom@ms7.hinet.net
總 經 銷 貿騰發賣股份有限公司
新北市 235 中和區立德街 136 號 6 樓
電話：02-82275988 傳真：02-82275989
網址：www.namode.com
版 次 2022 年 12 月初版一刷
特 價 新臺幣 520 元（缺頁或破損的書，請寄回更換）

ISBN-13：978-986-5541-42-2